SOUVENIRS ET RÉVÉLATIONS

Histoire Diplomatique

de

L'Alliance Franco-Russe

(1873-1893)

PAR

ERNEST DAUDET

DEUXIÈME ÉDITION

PARIS

PAUL OLLENDORFF, ÉDITEUR

28 *bis*, RUE DE RICHELIEU, 28 *bis*

1894

Histoire Diplomatique

de

L'Alliance Franco-Russe

DU MÊME AUTEUR

ŒUVRES HISTORIQUES

Histoire de l'Émigration : *Les Bourbons et la Russie.* 1 vol.

— *Les Émigrés de la seconde Coalition* . . . . 1 vol.

— *Coblentz* . . . . 1 vol.

Histoire des Conspirations royalistes dans le Midi sous la Révolution . . . . 1 vol.

Le Cardinal Consalvi . . . . 1 vol.

Le Ministère de M. de Martignac . . . . 1 vol.

Histoire de la Restauration . . . . 1 vol.

La Terreur Blanche de 1815 . . . . 1 vol.

Le Procès des Ministres de Charles X . . . . 1 vol.

La Vérité sur l'essai de Restauration en 1873 . . . 1 vol.

Souvenirs de la Présidence du Maréchal de Mac-Mahon . . . . 1 vol.

Les Coulisses de la Société Parisienne . . . . 1 vol

Histoire Diplomatique
de
L'Alliance Franco-Russe

1873-1893

PAR

ERNEST DAUDET

DEUXIÈME ÉDITION

PARIS

PAUL OLLENDORFF, EDITEUR

28 *bis*, RUE DE RICHELIEU, 28 *bis*

1894

PRÉFACE

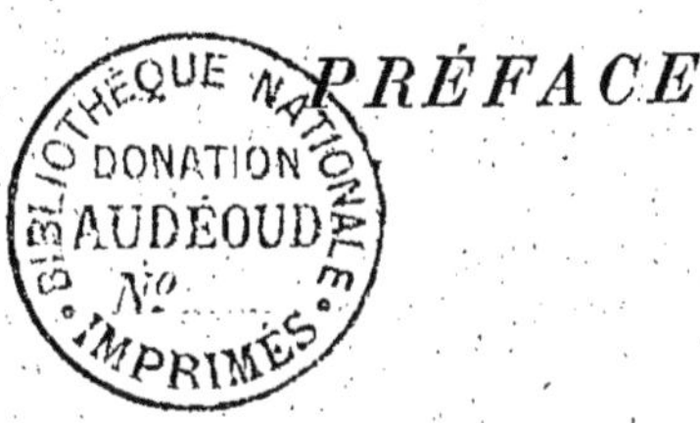

L'heure n'est pas venue d'écrire, en tous ses détails, l'histoire des relations de la France avec la Russie depuis vingt ans. Les chancelleries n'ont pas livré à la publicité leurs plus importants documents. Beaucoup de faits restent encore ignorés, même de ceux d'entre nous qu'anime le constant souci d'aller au fond des choses pour les mieux raconter. Il en est d'autres qu'il ne serait point patriotique de divulguer dès à présent. En de telles conditions, à vouloir tout révéler et tout expliquer, on s'exposerait à des erreurs, conséquemment à des démentis, et aussi, peut-être, à éveiller des susceptibilités respectables.

La tâche que je me suis donnée ne comportait pas un tel péril. Elle a consisté à tracer la voie aux futurs historiens de l'alliance franco-russe, en marquant les étapes et en mentionnant les épisodes, par lesquels, comme par des degrés successifs, elle est arrivée à son point culminant : Cronstadt, Toulon, Paris.

Cependant, même réduite à ces termes, elle exigeait une connaissance spéciale des hommes et des choses qui forment le fond de l'histoire que j'entreprenais de raconter, une ancienne fréquentation des coulisses de la diplomatie. Il m'a semblé que je réunissais ces conditions et qu'à l'absence des documents officiels, il ne me serait pas impossible de suppléer en procédant à une enquête.

On verra que celle à laquelle je me suis livré m'a beaucoup appris. Du commencement à la fin de ce livre, mais plus particulièrement dans sa seconde partie, on trouvera assez de faits nouveaux pour en conclure que j'ai dit tout ce qui pouvait l'être, aujourd'hui, sans inconvénients et de manière à défier les démentis, au moins en ce qui était important.

L'histoire du présent, quand on ne cherche que la vérité, n'est pas moins difficile à écrire que celle du passé. Elle l'est même davantage, d'abord parce que la vérité ne plaît pas également à tout le monde, ensuite parce qu'à défaut de pièces écrites, l'historien est tenu de recourir à des dépositions orales et multiples, qui ne sont jamais complètes et qui sont rarement d'accord entre elles.

Aujourd'hui que l'alliance franco-russe est un fait accompli, tout le monde veut y avoir concouru. C'est un peu une course au clocher. Il en résulte que chacun est enclin à grandir son rôle ou à dissimuler ses fautes. De là, des contradictions à travers lesquelles je me suis efforcé de verser un peu de lumière. Je l'ai fait de bonne foi, sans animosité contre personne, ne poursuivant d'autre but que celui de raconter à mes contemporains comment s'est réalisé ce rapprochement entre deux grands peuples, par lequel,

comme on l'a dit, a été rétabli l'équilibre européen et qui est devenu, en même temps que le
gage de notre sécurité, la plus solide garantie de
la paix du monde.

5 février 1894.

HISTOIRE DIPLOMATIQUE

DE

L'ALLIANCE FRANCO-RUSSE

CHAPITRE PREMIER

COUP D'ŒIL EN ARRIÈRE

volution de 1830 et ses effets. — Sympathie des Russes
pour la France sous la monarchie de Juillet et sous l'empire. — Faute de Napoléon III. — Regrets tardifs. —
La Russie contre nous pendant la guerre.

I

En parcourant les archives de la diplomatie
française, c'est à partir de 1719 que pour la
première fois, on voit apparaître l'idée d'une
alliance entre la Russie et la France.

Précédemment, en l'an 1015, Henri Ier, roi de
France, avait épousé Anne, fille de Jaroslaw,
second grand duc de Moscovie, de laquelle il
avait eu un fils qui lui succéda sous le nom de
Philippe Ier. Mais ce mariage, dont les origines
restent assez obscures, n'eut aucun résultat
politique.

De même, en 1629, une tentative avait été
faite à Moscou, auprès du tsar moscovite
Michel Romanof, par l'ambassadeur extraordinaire de Louis XIII, Duguay-Cormenin. « Il
faut, avait dit ce dernier, que le Tsar ne fasse

qu'un avec le roi de France. » Mais, en dépit de ce que la démarche avait de positif et de pressant, les Russes nous avaient fait attendre leur réponse pendant près d'un siècle.

C'est Pierre le Grand lui-même, qui l'apporte à Paris en 1719. A cette époque, il s'est déjà, par ses victoires, frayé un chemin vers l'Europe. Il veut entrer dans le concert diplomatique des puissances ; il cherche à cet effet des alliances. Il ne les a trouvées telles qu'il les souhaitait ni en Prusse ni dans les États secondaires de l'Allemagne, pas davantage en Autriche, en Angleterre, ni en Espagne. C'est alors qu'il a songé à la France, à laquelle il rêve de s'unir étroitement en mariant sa fille Élisabeth au jeune roi Louis XV et, à défaut de lui, à un prince français.

La France, de son côté, est, à cette heure, dans la nécessité de changer son système politique. Pendant la guerre de Trente ans, Richelieu, très habilement, a jeté la Suède contre l'Autriche ; plus tard, Louis XIV s'est allié à la Turquie. La Turquie, la Pologne et la Suède ont été entre nos mains, durant ces périodes, un instrument d'affaiblissement pour nos ennemis.

Mais, en 1719, ces trois puissances, pour des causes diverses, ne peuvent nous servir avec la même efficacité. La visite en France de Pierre le Grand coïncide avec l'obligation qui s'impose à nous de remplacer dans le Nord les alliés dont la décadence ne nous permet plus de compter sur eux. Les offres de ce prince arrivent donc en un moment singulièrement propice. Il est entré dans Paris avec, dit Saint-Simon, « la passion extrême de s'unir à la France. »

Par malheur, il n'est encore, pour les Parisiens, en dépit de ce que sa physionomie, son langage, ses allures, trahissent de génial en lui que le souverain un peu excentrique de hordes sauvages, dont on ne connaît ni les coutumes, ni l'histoire, et dont on ne parle que comme nous parlons aujourd'hui des populations de la Perse, du Siam ou du Cambodge. Il est reçu avec une curiosité défiante. On n'attend pas grand'chose de lui; c'est plutôt par courtoisie que dans l'espoir de tirer parti du traité d'alliance qu'il propose, que le maréchal de Tessé est chargé de s'aboucher avec les ministres russes pour examiner sur quelles bases ce traité pourrait être établi.

Les mémoires dans lesquels ces ministres, au nom de leur monarque, exposent les avantages de l'alliance, les discrètes allusions qu'ils font à la possibilité d'un mariage ne laissent pas de faire sourire le Régent et ses courtisans. C'est par politesse pure qu'ils consentent à parler de ces choses, par politesse aussi qu'ils promettent à Pierre que la Cour de France enverra un chargé d'affaires en Russie et reconnaîtra ainsi l'attention qu'il a eue d'en envoyer un pour le représenter auprès du Régent.

A la fin de 1719, ce chargé d'affaires est désigné. C'est un jeune diplomate, M. de Campredon. Mais, comme on n'est pas encore décidé à entretenir un ambassadeur à Saint-Pétersbourg, Campredon ne part qu'à titre temporaire, avec une mission spéciale, celle de réconcilier la Russie avec la Suède. C'est seulement en 1721 que l'insistance du Tsar à poursuivre le mariage de sa fille Élisabeth soit avec le jeune roi Louis XV, soit avec un autre prince français, le duc de Chartres, par exemple, fils aîné du Régent, décide ce dernier à donner à la mission de Campredon un caractère définitif.

Tout ce que voit Campredon à son entrée en Russie n'est pas pour rectifier l'idée qu'on se fait, en France, de la grossièreté de la Cour moscovite et de la barbarie du peuple russe. Dans un livre magistral, où sont retracées, en pages révélatrices et attachantes, les dramatiques circonstances dans lesquelles Élisabeth, avec l'appui de la France, conquit le trône et devint impératrice, un historien, M. Albert Vandal, donne un bien piquant récit de cette ambassade, la première dont nos archives ont conservé les pièces documentaires [1].

Campredon arrive à Cronstadt, à bord d'une frégate suédoise, le 19 octobre 1721. Le lende-

1. *Louis XV et Élisabeth de Russie*, par ALBERT VANDAL.

main, il dîne chez le commandant de la forte-
resse, quand on lui annonce l'arrivée de Pierre,
venu à sa rencontre, au mépris de toutes les
lois de l'étiquette. Il se rend aussitôt à bord de
la frégate, y trouve le Tsar, qui l'embrasse, le
remercie des bons offices de la France et lui
fait passer la revue de ses dix-neuf vaisseaux de
ligne, rangés dans le port.

Jusque-là, rien d'extraordinaire, si ce n'est
un empressement flatteur pour l'ambassadeur
et le pays qu'il représente. Mais, quelques jours
après, c'est autre chose. A Saint-Pétersbourg,
Campredon, qui accompagne le Tsar à la fête
donnée pour célébrer la conclusion de la paix
avec la Suède, le voit avec stupéfaction s'arrêter
dans un cabaret. C'est là que Pierre le Grand a
donné rendez-vous à ses ministres, pour se rendre en corps à l'église métropolitaine. A l'église,
il dirige l'office, bat la mesure, chante avec
les popes; après quoi, il reçoit une adresse du
Saint Synode qui le supplie de prendre le titre
romain d'empereur, qu'il prend aussitôt. Bientôt, apparaît l'impératrice, une ancienne ser-

vante d'auberge. « Elle a l'apparence vulgaire, le teint basané, la taille épaisse, parée avec une recherche de mauvais goût. »

Après la fête religieuse, commence la fête de la rue : combat naval sur la Néva, feu d'artifice, fontaines de vin coulant de toutes parts. « On but beaucoup », dit Campredon dans une dépêche à sa Cour. Il nous montre ensuite Pierre, debout sur une estrade, se faisant amener un bœuf, le dépeçant de sa main et en distribuant les quartiers à la foule, après en avoir mangé lui-même un morceau, en buvant à la santé de son peuple.

Un peu plus tard, Campredon assiste à une mascarade non moins stupéfiante. Trois jours durant, des chariots promènent des masques dans Saint-Pétersbourg, en costumes de bouffons et de cardinaux romains. L'Empereur déguisé en matelot, à pied, tient la tête du cortège, battant du tambour. L'impératrice le suit, en vendangeuse, un panier de raisins d'une main, de l'autre, une bouteille. Elle verse fréquemment à boire à son mari. Toute la Cour, hommes et femmes, participe à ces saturnales. De toutes parts, le vin coule à flots.

Telle est, en 1724, la Russie, « un empire à demi-asiatique, à peine doté des organes indispensables des États modernes, » une Cour non encore sortie de sa barbarie première, n'ayant reçu du dehors aucune empreinte civilisatrice, et si grossière en ses goûts qu'on n'y saurait voir une société se former. Il n'est donc pas étonnant que le gouvernement français ne soit que médiocrement enclin à unir ses intérêts à ceux de la nation russe.

Néanmoins, en prévision de l'avenir et des circonstances qui peuvent se produire, il entretient, même après la mort de Pierre le Grand, un chargé d'affaires à Saint-Pétersbourg. En 1740, pendant la minorité d'Ivan VI et la régence de sa mère, la grande duchesse Anne, princesse de Brunswick, à ce chargé d'affaires succède un ambassadeur extraordinaire, le marquis de la Chétardie, nommé en vue de certaines éventualités dont la France ne peut se désintéresser et que laissent pressentir les mémoires officiels où sont

énumérées les considérations qui ont déterminé Louis XV à relever l'éclat de sa représentation en Russie. Il ne s'agit de rien moins, en
effet, que de seconder dans ses efforts pour se
frayer le chemin du trône, la grande duchesse
Élisabeth, fille de Pierre le Grand, qu'on sait aussi
dévouée à la France que dévorée de l'ambition
de ceindre la couronne de son père.

Intrigant et aventureux, la Chétardie est par
excellence l'homme qui convient à la mission
dont on l'a chargé. En moins de deux années,
au milieu de circonstances tragi-comiques, qui
font de l'histoire de son ambassade le plus bizarre des romans, il a réalisé plus qu'on n'espérait
de lui. Au mois de décembre 1741, à la faveur
d'une révolution militaire qu'il a préparée, Élisabeth arrache le pouvoir à la régente qui règne
au nom d'Ivan VI et devient impératrice de toutes
les Russies. Elle doit le trône à la France. Elle ne
l'oubliera jamais.

Si le cabinet de Versailles comptait en son
sein un homme de génie ou seulement un esprit prévoyant et résolu, Louis XV accepterait

les offres d'alliance que lui fait parvenir l'impératrice reconnaissante. Dans cette alliance, il
trouverait un solide point d'appui pour sa politique. Mais, de même que le duc d'Orléans ni le
cardinal Dubois n'ont su comprendre ce que pré-
sentaient d'avantageux les propositions de Pierre
le Grand, de même les ministres de Louis XV ne
comprendront pas quel immense parti ils pourraient tirer de celles d'Élisabeth.

II

Il en sera de même jusqu'à la Révolution.
Lorsque la grande Catherine, décidée à chasser
du trône son débile mari, sollicitera secrètement
l'appui financier de la France, les scrupules
excessifs de notre ambassadeur, le baron de Bre-
teuil, nous feront perdre une occasion inespérée
de nous assurer sa gratitude et de conclure une
alliance avec elle. On peut dire que durant
soixante ans, cette alliance a été dans la pensée

des hommes d'État des deux pays, qu'en Russie on l'a voulue et cherchée, qu'en France
on en comprenait l'utilité pratique et l'efficacité,
et qu'on n'a jamais su la retenir quand elle
s'est offerte. Les Russes cependant ne nous en
gardent pas rancune. Élisabeth à peine en possession de la couronne qu'elle nous doit et que
ses sujets se réjouissent de voir sur son front,
ils s'appliquent à nous imiter en toutes choses.
Ils ont secoué l'influence allemande, que leur
avaient imposée en quelques années les bizarres
successeurs de Pierre le Grand. Ils ne voient et
n'entendent que par l'influence française. Langage, modes, coutumes, manières libres et
aisées, élégance frivole, grâces raffinées, ils
nous prennent tout.

Élisabeth encourage ce mouvement. Elle a
toujours aimé la France; elle adore son roi.
Elle est friande de bals, de déguisements; d'intrigues amoureuses sous le masque. L'opéra
italien, la comédie comme en France ont pour
elle un attrait tel qu'elle demande à Louis XV
d'autoriser Lekain et Mlle Clairon à venir jouer

à Saint-Pétersbourg, — désir qui ne peut être
exaucé et auquel le cardinal de Bernis est
chargé de répondre par un refus basé sur la
crainte de mécontenter les Parisiens en les pri-
vant pour un temps de leurs deux comédiens
les plus admirés. Ainsi, au milieu des circonstances politiques les plus graves, au cours des
incessantes tentatives d'alliances, et parmi les
dramatiques péripéties du règne, tout contribue
à accélérer la rapide et inconcevable métamor-
phose de la société russe.

Avec Catherine, la transformation se complète par un culte passionné des choses intel-
lectuelles, qui fait bientôt de sa Cour, sous l'influence des plus illustres écrivains et artistes
français, la Cour la plus attrayante de l'Europe.
Lorsque, en 1790, les premiers émigrés, Richelieu, Langeron, le prince de Ligne, le prince de
Nassau, Eszterhazy, Choiseul-Gouffier arrivent à
Saint-Pétersbourg, ils sont éblouis par le goût
dont, en tout et partout, fait preuve l'impératrice; par le faste des grands seigneurs; par l'élégance des femmes, leur beauté, leur esprit; par

l'aspect de la capitale, ses monuments, ses hôtels, ses quais en granit; par la magnificence des résidences impériales : Peterhoff, où on arrive par une route bordée de somptueuses villas avec jardins à l'anglaise; Tzarkoïe-Selo, avec ses ponts de marbre, ses bains turcs, son temple à trente-deux colonnes.

Tout est féerique, le décor et les acteurs. Il y a table ouverte chez le prince Narischkine, chez le prince Kourakine, chez Poniatowski, le roi détrôné de Pologne, chez le comte Strogonof, chez Potemkin, où les femmes invitées peuvent puiser, à pleines cuillers, des diamants dans les coupes passées au dessert. Les menus, les mets, les vins viennent de France. Les grandes dames, la princesse Dolgorouki, la princesse Galitzine, la comtesse Scarowska, Mme de Witte, qui deviendra maréchale Potocki, s'habillent à Paris. Notre littérature, nos arts, nos habitudes, tout leur est famillier. Il y a, à Saint-Pétersbourg, une Comédie-Française, un Opéra, tout comme en France.

Une civilisation qui aurait des siècles d'existence ne serait pas plus achevée que celle qui, en moins de cinquante ans, a transformé la société russe. Quand Alexandre Ier, qui a été élevé au milieu d'elle, viendra à Paris, en 1814, Talleyrand pourra saluer en lui un Parisien plus au courant de notre pays que les Parisiens les plus qualifiés.

Sous la Révolution, les rapports avec la Russie sont suspendus. Catherine règne. A la nouvelle de la mort du roi Louis XVI, elle a éloigné de sa Cour Genêt, le chargé d'affaires de France. Se jetant ensuite dans la coalition, elle ne voit dans les hommes placés à la tête du gouvernement français que des malfaiteurs, les ennemis des monarchies et du repos public, qu'il faut exterminer jusqu'au dernier. C'est la politique qu'elle lègue à son fils Paul Ier qui la met en pratique en l'exagérant. Ces choses durent jusqu'au jour où Bonaparte s'empare du pouvoir. Devenu premier consul, il noue avec le Tsar, en des circonstances émouvantes[1] et ro-

1. Voir mon *Histoire de l'Émigration : Les Bourbons et la Russie,* pages 202 et suivantes.

manesques des relations que brise, au moment
où on commençait à en entrevoir les résultats,
la mort mystérieuse de ce prince, survenue peu
après.

Puis, brusquement, en 1807, à Tilsitt, la
force des choses réalise les desseins et les vues
en fermentation depuis si longtemps. Pour la
première fois, l'alliance franco-russe, — non
celle des peuples qui devait être l'œuvre de
l'avenir, mais celle des souverains, — est solen-
nellement consacrée par les accords intervenus
entre Napoléon victorieux et Alexandre vaincu.

Alors comme aujourd'hui, cette alliance est
considérée comme un gage de paix pour l'Europe. Le rôle à Saint-Pétersbourg de l'ambassadeur français, M. de Caulaincourt, duc de
Vicence, consiste à la fortifier, à en resserrer les
nœuds pour en tirer, au profit de la France,
tous les effets qu'elle peut donner. Mais l'ambition de Napoléon détruit peu à peu l'édifice qu'il
a lui-même élevé et rejette la Russie dans la
coalition.

Toutefois, Alexandre, dans son ardeur à tirer

vengeance de Napoléon, ne transige pas sur le désir qu'il a de rester l'ami du peuple français.

« Je n'ai qu'un ennemi en France, dit-il lorsqu'en 1814, les victoires de la coalition l'ont conduit aux portes de Paris : c'est l'homme qui m'a trompé de la manière la plus indigne, qui a abusé de ma confiance, qui a trahi avec moi tous les serments, qui a porté dans tous mes États la guerre la plus inique et la plus odieuse. Toute réconciliation entre lui et moi est désormais impossible ; mais, je le répète, je n'ai en France que cet ennemi. Tous les Français, hors lui, sont bien vus de moi... Dites aux Parisiens que je n'entre pas dans leurs murs en ennemi. Il ne tient qu'à eux de m'avoir pour ami. »

Il justifie ce langage par sa conduite pendant la durée de l'occupation. Les services rendus, les rigueurs de l'invasion atténuées, les mesures de bienveillance et d'humanité adoptées, tout cela est son œuvre. Il se met en travers des prétentions de ses alliés, quand il les juge excessives ou inhumaines. Ses sympathies pour la France et les Français se sont réveillées, après la victoire, vivaces et fortes. Sur l'épreuve de la déclaration qu'adressent aux Parisiens les souverains alliés, à leur entrée dans Paris, pour affirmer qu'ils respecteront l'intégrité de l'ancienne France, il ajoute de sa main cette phrase : « Ils peuvent même faire plus, car ils professent toujours le principe que, pour le bonheur de l'Europe, il faut que la France soit grande et forte. »

C'est un langage analogue que, plus d'un demi-siècle après, tiendront Alexandre II et son ministre le prince Gortchakof aux représentants de la France vaincue et désarmée, qui, dans une heure de suprême péril, sollicitent sa protection contre des menaces imméritées.

III

Au commencement de la Restauration, l'alliance franco-russe n'existe plus. Mais les choses sont restées en un état qui permettrait

de la réaliser sur-le-champ si elle devenait nécessaire.

Dans le nouveau gouvernement, elle compte
un ardent défenseur, le duc de Richelieu. Émi-
gré en Russie pendant la Révolution et nommé
par Catherine gouverneur d'Odessa, cet homme
d'État s'est convaincu, par une longue pratique,
des avantages de cette alliance. Tant qu'il occupe le pouvoir, et autant que lui en laissent la
liberté les violentes attaques dont est l'objet, de
la part des ultras, sa politique à l'intérieur, il
a toujours en vue l'établissement d'un système
dont l'alliance est la base.

En diverses notes qui existent encore dans
nos recueils diplomatiques, il expose ce système
avec une force, une lucidité, une netteté de ju-
gement, vraiment admirables. Tout ce qu'il a dit
et écrit à ce sujet est encore aujourd'hui d'une
actualité saisissante. S'il était utile de justifier
ce qui se passe sous nos yeux, il suffirait de
parcourir et de citer ses papiers pour présenter, en faveur de l'alliance, la plus lumineuse
plaidoirie.

Durant son second ministère, il choisit comme ambassadeur de France à Saint-Pétersbourg M. de la Ferronnays qui partage ses idées. M. de la Ferronnays conserve son poste pendant sept ans et, soit sous le cabinet Richelieu, avec lequel il est étroitement uni, soit sous le cabinet Villèle, qui le traite avec défiance, mais n'ose le rappeler de peur de déplaire à l'empereur Alexandre Ier, il travaille pour l'alliance russe.

La question grecque, qui tient tant de place dans la politique de la Restauration, permet à l'ambassadeur de prêcher à son gouvernement « l'entente cordiale avec la Russie pour l'émancipation des Hellènes » et de conseiller une attitude de réserve vis-à-vis de l'Angleterre et de l'Autriche, qu'il déclare unies « pour l'asservissement des chrétiens d'Orient ».

Cette politique, il ne cesse de la défendre. Il la fera adopter en 1829, par le cabinet Martignac, où il sera ministre des Affaires étrangères. En ces diverses circonstances, il trouve le plus constant et le plus puissant appui dans Chateaubriand, lequel, comme on va le voir, n'était pas un partisan moins convaincu ni moins résolu de l'alliance russe.

Au mois de septembre 1821, alors que déjà le duc de Richelieu n'est plus ministre, il reçoit et communique à M. de Villèle, son successeur, une lettre de l'empereur Alexandre I⁰ʳ qui s'adresse à lui comme à un ancien ami, afin qu'il se fasse son intermédiaire auprès du gouvernement français. Dans cette lettre, le Tsar propose d'unir les forces de la France à celles de la Russie « pour mettre un terme aux massacres des Grecs ». Et il invite son correspondant à prendre une carte des États barbaresques et à y marquer ce qui pourra convenir à la France. « Ce que vous aurez ainsi marqué, ajoute-t-il, je m'engage à vous le faire avoir. » M. de Villèle soumet cette lettre au roi et, par son ordre, répond que si la France était amenée à demander des dédommagements, « elle n'en pourrait accepter d'autres que les frontières du Rhin ».

Les choses restent en l'état jusqu'en 1829. Le duc de Richelieu est mort. M. de la Ferronnays réside à Saint-Pétersbourg, vient rarement à Paris, attaché à se confiner dans ses fonctions diplomatiques, ses idées et ses amis étant éloignés du pouvoir et ne semblant pas au moment d'y prendre place.

Brusquement, à la fin de 1828, tout change. En une suite d'incidents qui ne seraient pas à leur place dans ce récit, le roi sacrifie le ministère Villèle et charge M. de Martignac de former le cabinet. Au milieu d'intrigues sans nombre, ce dernier parvient à mettre sur pied une combinaison ministérielle, dans laquelle M. de la Ferronnays, malgré ses répugnances à accepter le pouvoir, doit occuper le ministère des affaires étrangères.

— S'il y a des dangers, lui dit familièrement le roi, refuseras-tu de les partager avec ton ami?

M. de la Ferronnays cède à ce désir.

Le choix qu'a fait de lui M. de Martignac indique clairement que, dans sa politique extérieure, le nouveau ministère compte s'appuyer sur la Russie. C'est ainsi que son avènement est interprété à Saint-Pétersbourg.

A ce moment, les armées du tsar Nicolas, successeur d'Alexandre Ier, sont en marche vers Constantinople. Le cabinet russe trouve l'occasion opportune pour ouvrir des négociations avec la cour de France, afin de disputer son appui à l'Angleterre et à l'Autriche qui le sollicitent à l'effet d'empêcher les Russes de s'implanter en Orient.

Le Tsar a pris son parti des exigences territoriales du gouvernement français, telles qu'elles ont été formulées en 1821, et négocie secrètement à Berlin, afin de les faire accepter par la Prusse. Il demande donc officiellement le concours de la France, en offrant de le payer de la ligne du Rhin, qu'il s'engageait à lui faire céder.

Devant une proposition aussi formelle, Charles X veut connaître la pensée de ses conseillers. C'est à Chateaubriand que ceux-ci demandent de la formuler. Chateaubriand ne s'y trompe point. Ce qu'offre la Russie à la France, c'est, quinze ans après les traités de 1815, une occasion de les déchirer.

Le mémoire qu'il rédige à cette occasion est admirable. On y sent vibrer le plus clairvoyant patriotisme.

« L'alliance russe, écrit-il, nous mettrait dans le cas d'obtenir des établissements dans l'archipel et de reculer nos frontières jusqu'au Rhin. Nous pouvons tenir ce langage à Nicolas : vos ennemis nous sollicitent; nous préférons la paix à la guerre; nous désirons garder la neutralité. Mais enfin, si vous ne pouvez vider vos différents avec la Porte que par les armes, entrez avec les puissances chrétiennes dans un partage équitable de la Turquie européenne.

« Celles de ces puissances qui ne sont pas placées de manière à s'agrandir en Orient recevront ailleurs des dédommagements. Nous voulons avoir la ligne du Rhin depuis Strasbourg jusqu'à Cologne. La Russie a un intérêt, votre père Alexandre l'a dit, à ce que la France soit forte. Si vous consentez à cet arrangement et que les puissances s'y refusent, nous ne souffrirons pas qu'elles interviennent dans vos démêlés avec la Turquie. Si elles vous attaquent malgré nos remontrances, nous les combattrons avec vous, toujours aux mêmes conditions que nous venons d'exprimer. »

Et comme conclusion à ce noble et fier langage, Chateaubriand ajoute : « Jamais l'Autriche, jamais l'Angleterre ne nous donneront la limite du Rhin. Or, c'est pourtant là que, tôt ou tard, la France doit placer sa frontière pour son honneur et sa sécurité. »

Ces conclusions ne semblent-elles pas écrites d'hier ?

Charles X les approuve.

— Si l'empereur Nicolas attaque l'Autriche, dit-il, je me tiendrai en mesure et me réglerai selon les circonstances. Mais si l'Autriche l'attaque, je ferai marcher immédiatement contre elle.

Telles sont les bases sur lesquelles l'alliance va se conclure quand la Russie, victorieuse des Turcs, s'arrête à Andrinople et y signe la paix. Les négociations sont suspendues. Puis, l'attention du gouvernement français se concentre tout entière sur l'expédition d'Alger, qu'il n'a entreprise, malgré les menaces du cabinet de Londres, que certain de trouver du côté de la Russie, si l'Angleterre osait l'attaquer, le plus efficace concours. En même temps, les difficultés intérieures s'aggravent et, finalement, la révolution de 1830 éclate. La Russie renonce à toute ouverture nouvelle. Le tsar Nicolas ne professe aucun goût pour la dynastie d'Orléans, ni pour les origines du régime de Juillet.

Il donne même de ses sentiments une preuve aussi décisive qu'imprévue. A la nouvelle de la révolution, il envoie un de ses officiers à Berlin. Il incite la Prusse à marcher sur Paris pour rétablir Charles X, en promettant de la suivre. Mais la Prusse se souvient qu'en 1806, elle a été écrasée avant que la Russie se fût mise en mouvement. Elle déclare qu'elle ne marchera que lorsque la Russie sera en route. Sur ces entrefaites, le duc d'Orléans et le duc de Nemours arrivent à Berlin. Le succès personnel qu'obtiennent à la Cour prussienne les jeunes princes ramène la Prusse à des idées pacifiques. Le Tsar renonce à ses velléités belliqueuses. Il renonce à nous disputer Alger que, d'ailleurs, nous tenons déjà. Mais il s'oppose énergiquement à nous laisser prendre la Belgique.

Tout était prêt pourtant. La Russie avait formellement promis de laisser faire. Nous eussions occupé la Belgique et Anvers. Le mouvement populaire belge devait éclater en septembre. Par malheur, Charles X est renversé en juillet. Quelques mois plus tard, la Belgique révoltée contre la Hollande, veut se donner à la France. Mais, cette fois, la Russie s'y oppose. Il n'en est pas moins démontré que la monarchie des Bourbons avait poursuivi et réalisé l'entente entre Paris et Saint-Pétersbourg.

« Il est possible, m'écrivait récemment le colonel prince de Polignac, fils de l'ancien ministre de Charles X, il est possible qu'il n'y ait aucun instrument public établissant l'alliance franco-russe sous le règne de Charles X. Mais cette alliance est établie par une suite de faits historiques [1]. »

1. C'est à la suite d'un article publié dans le *Gaulois* que j'ai reçu du prince de Polignac les curieux renseignements

Ces faits historiques sont les suivants : à l'avoir de la Russie, l'indépendance de la Grèce et la création de la Roumélie indépendante sous le protectorat russe; à l'avoir de la France, la conquête de l'Algérie et la promesse des frontières rhénanes par l'annexion de la Belgique. En outre, à en croire le prince de Polignac, la conquête de l'Algérie, malgré l'Angleterre, ne fut possible que parce que nous étions assurés de l'appui de la Russie et de celui de l'Espagne.

L'Espagne nous était redevable, alors, des plus grands services. Nous avions aidé son roi à se maintenir sur son trône; nous lui avions prêté des sommes considérables. Il y avait de plus, union étroite entre Saint-Pétersbourg et Madrid[1]. Toutes ces circonstances contri-

qui suivent. Retraité aujourd'hui, le colonel de Polignac a laissé dans l'armée le souvenir d'un brillant officier. En 1875, lors des si graves événements dont on trouvera plus loin le récit, il était attaché militaire de France à Berlin. Il vit maintenant à Alger où il a pris en mains, avec l'ardeur qu'il apporte en toutes choses, la cause de la colonisation algérienne sur les mêmes bases et d'après les mêmes procédés que le Cardinal Lavigerie.

1. Les rapports entre la cour de Russie et la branche

buèrent à nous obtenir du cabinet espagnol que nous ferions de l'île de Minorque, au moment de l'expédition, un dépôt d'approvisionnements.

Il n'existe de ces choses aucune trace documentaire. C'est en vain qu'à une date récente, M. Flourens, pendant qu'il était ministre, a essayé d'en retrouver une dans les archives du quai d'Orsay. Mais la vraisemblance, basée sur les faits, acquiert ici la valeur d'un document.

Quant à la Russie, outre qu'on a vu qu'elle nous poussait, dès 1821, à nous assurer de divers points sur les côtes barbaresques, il n'est pas douteux qu'elle était avec nous quand fut décidée la conquête d'Alger. Le colonel de Polignac m'en cite même une preuve décisive.

Son père était ambassadeur de France à Londres, lorsque Charles X lui écrivit pour lui offrir la présidence du conseil. Le duc de Polignac commença par refuser, en alléguant les difficultés de la politique intérieure, laquelle,

aînée des Bourbons d'Espagne n'ont par, je crois, cessé d'exister. Ils se traduisent encore, m'assure-t-on, par une pension que le Tsar sert à un prince Espagnol.

d'ailleurs, ne lui était pas familière. Mais, le Roi ayant insisté, il accepta, non sans avoir posé comme condition que l'expédition d'Alger serait entreprise aussitôt. Le Roi promit, et, bientôt après, les préparatifs de l'expédition commencèrent.

L'Angleterre, alors, devint menaçante. Elle envoya sa flotte dans la Méditerranée. Les soldats français, électrisés par cette manifestation hostile, ne rêvaient que combats contre Albion. Ils s'embarquaient en disant :

— C'est la campagne d'Égypte.

Mais, à Paris, Charles X, déconcerté par les violences de l'opposition, se troublait et finalement annonçait à ses ministres son intention de renoncer à aller à Alger.

— Et votre promesse, Sire? objecta M. de Polignac.

— C'est la guerre avec l'Angleterre, répondit le Roi.

— Non, Sire, ce n'est pas la guerre. La Russie est avec nous. L'Angleterre n'osera la braver.

L'expédition eut lieu et l'Angleterre ne bougea pas. Ainsi, en cette circonstance, la Russie nous soutenait, ce qui permet de supposer qu'à défaut d'un traité effectif, existaient des stipulations secrètes.

Il résulte de ces souvenirs, redevenus aujourd'hui d'une si saisissante actualité, que le peuple français a été bien injuste envers le gouvernement de la Restauration. Louis XVIII comme Charles X, et successivement, avec eux, tous leurs ministres, jusques et y compris le duc de Polignac, eurent au plus haut degré le sentiment de ce que commandait l'intérêt de la France.

Leur politique extérieure, inspirée par celle de Napoléon, ne cessa de poursuivre le même objectif : le lac méditerranéen français par l'occupation des côtes barbaresques ; la résistance sur tous les points à l'influence anglaise même sur les bancs de Terre-Neuve ; la conquête des frontières anciennes par l'annexion de la Belgique et d'Anvers, et, enfin, l'alliance de la Russie.

C'est à cette politique, en ce qu'elle a de réalisable aujourd'hui, que la France est revenue. La

Restauration eut le mérite de n'en point vouloir
d'autre. Mais ces efforts furent constamment
entravés par les violences d'une opposition folle-
ment déchaînée. Le colonel de Polignac m'a encore raconté à cet égard un trait bien significatif.

Lorsque son père arriva au pouvoir, il
commença en ces termes le premier rapport
qu'il adressait au Roi, après avoir pris possession de son cabinet du boulevard des Capucines :
« La France est dévorée par les Sociétés
secrètes. Elles sont si puissantes que le présent
rapport que j'écris de ma main, sur mon
bureau, et que j'enverrai au palais de Votre
Majesté par un des secrétaires de mon ministère, sera lu par une de ces Sociétés avant que
Votre Majesté puisse en prendre connaissance. »

On sait que, condamné en 1831 par la cour
des Pairs à la détention perpétuelle, le duc de
Polignac sortit du fort de Ham en 1837 pour
se rendre en exil. Le roi Louis de Bavière lui
offrit un asile. L'ancien ministre alla donc s'installer à Munich, où l'Université lui assurait

pour ses fils le moyen de continuer leur instruction.

Le Roi le reçut dès son arrivée et lui dit :

— J'ai deux couronnes dans ma famille. Je dois l'une à Dieu, l'autre à vous.

En effet, en février 1830, le cabinet Polignac avait, à la demande de la Russie, fait nommer Othon de Bavière roi de Grèce, contre le prince Léopold, candidat anglais, — ce qui achève de démontrer que l'union avec le gouvernement russe fut, durant quinze ans, la base de toute la politique extérieure de la Restauration.

Cependant, sous le règne de Louis-Philippe, il y a encore, à la cour de Russie et dans la nation russe, bien des sympathies pour la France, en dépit des répugnances personnelles du Tsar pour un gouvernement qui est à ses yeux un gouvernement usurpateur.

En 1841, nous avons comme ambassadeur à Pétersbourg un partisan décidé de l'alliance, M. de Barante. Malgré la difficulté de sa situation, il y travaille. C'est en pleine question d'Orient, alors que cette question engendre crises sur crises et qu'elle s'aggrave pour nous du mauvais vouloir de l'empereur Nicolas. L'ambassadeur d'Angleterre en Russie, à cette époque, dit à M. de Barante, et lui-même le rapporte à M. Guizot :

— Croyez-vous que je ne voie pas comment, parmi tous ceux qui environnent l'empereur, l'opinion est favorable à la France? Paris est pour eux le centre de la civilisation ; ils ne se soucient pas, ils ne savent rien de ce qui se dit ou se fait ailleurs.

Ainsi, malgré tout, France et Russie ont les regards fixés l'une sur l'autre, se désirent et s'appellent. Il en sera de même sous l'empire, où malgré la guerre de Crimée, malgré la politique néfaste de Napoléon III, le courant sympathique que le temps et les événements ont créé entre les deux peuples conserve toute sa force.

Au début du règne, l'alliance avec la Russie compte parmi les hommes nouveaux un partisan résolu. C'est M. de Morny. Mais il est contraint de sacrifier ses tendances et ses goûts aux préférences de l'Empereur. Poussé tour à tour, par ses conceptions personnelles et les influences qu'il subit, aux solutions les plus contradictoires sans persévérer dans aucune, Napoléon III affecte de considérer la Russie comme une quantité négligeable. Il la froisse au vif en prenant contre elle le parti de la Pologne. Quand, s'apercevant qu'il a fait fausse route, il veut revenir sur ses pas, c'est trop tard et par sa faute, lorsque éclate la guerre de 1870, la Russie a pris position contre la France.

Telle est rapidement l'histoire résumée de nos relations avec la Russie dans le passé, qu'il convenait de rappeler avant de raconter l'histoire de nos relations avec elle dans le présent.

CHAPITRE II

LA MISSION CHAUDORDY

I

C'était vers la fin du mois de juin 1873.

M. Thiers venait d'être remplacé à la présidence de la République par le maréchal de Mac-Mahon, et le duc de Broglie de prendre, avec la présidence du conseil, le portefeuille des Affaires étrangères. A ce moment, grâce au payement anticipé du cinquième et dernier milliard de l'indemnité de guerre, nous étions libérés envers l'Allemagne. L'occupation étrangère touchait à son terme. De toutes parts, éclatait dans la nation française l'ardent désir de réparer ses maux.

Mais, si la rapidité de notre relèvement à l'intérieur était déjà pour le monde un sujet de surprise, à l'extérieur, la France restait toujours aussi isolée qu'à l'époque où son isolement nous avait livrés, sans défenseurs, aux exigences de la Prusse. Encore à cette heure,

il nous laissait à sa merci. Les organes les plus
accrédités de son gouvernement ne dissimu-
laient pas le regret qu'il éprouvait de ne pas
avoir exigé de nous une rançon plus onéreuse.
Ils agitaient devant nos yeux le spectre d'une
occupation nouvelle, d'une cession territoriale
plus étendue et d'une indemnité supplémen-
taire, aggravée par l'interdiction de la payer
autrement qu'à des échéances réparties sur un
grand nombre d'années.

Si barbares que fussent ces menaces, nous
étions sans alliés pour en conjurer l'exécution.
A en juger par les apparences, nous n'aurions
pu compter, le cas échéant, sur aucun secours.
Les puissances que M. de Bismarck avait eu
l'habileté d'immobiliser pendant la guerre ne
semblaient pas plus disposées à se dérober à
son influence que prêtes à s'entremettre pour
nous.

A Paris, dans le corps diplomatique, la France
comptait, il est vrai, un noble et fidèle ami, le
prince Orlof, ambassadeur de Russie, auquel
le duc de Broglie se fût ouvert volontiers et eût

parlé en toute confiance. Mais, soit que le prince Orlof crût entrer dans les vues de sa cour en observant, vis-à-vis des hommes du 24 mai, une attitude réservée jusqu'à la froideur, soit qu'il leur gardât encore rancune d'avoir renversé M. Thiers pour lequel il professait autant d'admiration que de sympathie, il affectait de se tenir à l'écart de ses successeurs.

Sauf une visite officielle, à laquelle il avait été contraint, il s'était abstenu de venir voir le duc de Broglie dont sa manière d'être achevait d'accroître les incessantes alarmes.

— Je m'attends toujours à voir les Prussiens passer la frontière sous un prétexte, répétait fréquemment le président du conseil. Si cela arrivait, à qui nous adresserions-nous?

Parmi les confidents de ses perplexités, se trouvait le duc Decazes, son futur successeur aux Affaires étrangères, qu'il venait de nommer ambassadeur à Londres et qui n'était pas encore parti. De leurs entretiens naquit la pensée de profiter du séjour que faisait en Suisse, tous les ans, auprès de son fils ministre de Russie, le prince Gortchakof chancelier de l'Empire pour tenter auprès de lui une démarche officieuse et secrète. Lié par l'amitié non moins que par les intérêts politiques avec M. de Bismarck, le chancelier russe était le seul homme d'État en Europe qui eût acquis le droit de lui parler librement. Le duc de Broglie et le duc Decazes espéraient obtenir de lui des éclaircissements sur les intentions de M. de Bismarck, et si les projets qu'on attribuait à ce dernier existaient réellement, une intervention efficace pour en arrêter la réalisation.

Quant au personnage auquel pouvait être confiée une mission si délicate, le duc Decazes l'avait dejà choisi et désigné au duc de Broglie. C'est même parce qu'il l'avait sous la main que l'idée lui était venue de s'adresser au prince Gortchakof. C'était un membre de l'Assemblée nationale, le comte de Chaudordy, diplomate de grande expérience, qu'avaient mis en lumière, d'abord ses brillants services sous l'Empire, ensuite le rôle important qu'il avait joué à la Délégation de Tours.

Fils d'un président de la Cour d'Agen, blessé pendant les journées de juin, en combattant l'insurrection, il était entré dans la diplomatie en 1851. Attaché tour à tour à de hauts postes, il se trouvait à la fin de l'Empire, directeur du cabinet du prince de La Tour d'Auvergne. C'est là que l'avait surpris la révolution du 4 septembre.

Elle devait soumettre à de dures épreuves son patriotisme et ses talents, le mêler aux dramatiques négociations poursuivies au cours de la guerre, le charger des plus lourdes responsabilités et devenir pour lui le point de départ d'une nouvelle période de sa carrière. On me saura gré de fixer ici, en quelques traits, avant d'aller plus loin, une rapide ébauche de cette physionomie sympathique, que nous retrouverons plus d'une fois sur notre chemin.

II

Dans la matinée du 5 septembre 1870,
M. Jules Favre, délégué du gouvernement de la
Défense nationale au ministère des Affaires
étrangères, se présentait au palais du quai
d'Orsay pour y prendre possession de ses fonctions. Le prince de La Tour d'Auvergne en était
parti la veille en confiant les services à M. de
Chaudordy et en déclarant qu'il se tenait à la
disposition de son successeur pour le cas où
ce dernier désirerait conférer avec lui.

Reçu par M. de Chaudordy dans le salon des
ambassadeurs, M. Jules Favre refusa de se
laisser ouvrir le cabinet ministériel avant
d'avoir vu le prince de La Tour d'Auvergne.
Le prince avait son domicile dans le voisinage.
Aussitôt averti, il accourut. Après un entretien
qui dura presque une heure et où le délégué
du nouveau gouvernement se montra déférent

et courtois, le prince l'installa à sa place. M. Jules Favre demanda alors à M. de Chaudordy de conserver auprès de lui l'emploi de confiance qu'il avait rempli auprès du prince de La Tour d'Auvergne. Le directeur du cabinet commença par refuser. Puis, pressé plus vivement :

— Qu'il en soit comme vous souhaitez, dit-il; mais j'y mets une condition : c'est que le personnel de l'administration centrale sera maintenu.

— Je n'ai pas l'intention d'y rien changer, répondit M. Jules Favre.

C'est sur cette assurance que M. de Chaudordy resta à son poste. Quelques jours plus tard, M. Jules Favre le désignait pour aller le représenter auprès de la Délégation de Tours. Les principaux membres du corps diplomatique étaient partis la veille pour se rendre dans cette ville. M. de Chaudordy quitta Paris dans la soirée du 18 septembre, par un train spécial qui fut le dernier à franchir les lignes d'investissement. Le lendemain, après avoir fait reconnaître ses pouvoirs par M. Crémieux, chef de la Délégation, il s'installait, avec un petit nombre d'attachés et d'employés, sous les combles de l'archevêché de Tours, dans deux pièces gracieusement mises à sa disposition par Mgr Guibert.

A Tours, régnaient dans les régions officielles le désordre et le désarroi. Incapables et affolés, MM. Crémieux et Glais-Bizoin se disputaient le pouvoir, contrecarraient à tout instant les vues de l'amiral Fourichon, à qui avait été confié le portefeuille de la Guerre. Établi auprès d'eux pour assurer l'exécution de leurs ordres, M. Clément Laurier ne parvenait que rarement à les mettre d'accord.

Dans le service des Affaires étrangères, la confusion n'était pas moindre que dans les autres. M. de Chaudordy eut d'abord à y rétablir l'unité de direction. Il n'y parvint qu'à force d'énergie, de tact et aussi de ruse, car c'est bien la ruse qu'il dut employer en maintes circonstances, notamment pour dérober les dépêches diplomatiques à la curiosité de l'excellente

mais encombrante Mme Crémieux qui, lorsqu'elles arrivaient, les prenait des mains de
son mari, pour les collectionner, avant même
qu'on y eût répondu.

Les premières défaites avaient surpris notre
pays sans organisation au dedans, sans alliances
au dehors. M. de Chaudordy le savait. Mais il
ne désespérait pas d'intéresser les neutres au
sort de la France et de les employer à obtenir
une paix honorable.

En même temps que lui, était arrivé à Tours
M. Thiers, revenu, les mains vides et sans résultats, de sa tournée diplomatique en Europe.
La complète et décevante inutilité de ce voyage
restait encore le secret du gouvernement français. Grâce au savoir-faire de M. de Chaudordy,
l'ambassadeur d'Angleterre, lord Lyons, s'y
trompa. Il aimait la France; il souhaitait de
bonne foi la fin de ses épreuves. Il crut que
M. Thiers avait rapporté de Saint-Pétersbourg
sinon des promesses formelles, du moins de
fortes espérances. M. de Chaudordy tira parti
de cette crédulité à la faveur de laquelle il excita

si bien le zèle de lord Lyons, lui démontra avec tant de vigueur l'intérêt qu'avait l'Angleterre à ne pas laisser la Russie prendre l'initiative d'une proposition d'armistice, qu'une négociation s'engagea entre Londres et Tours, à l'effet d'amener l'Angleterre à prendre cette initiative.

Mais, à la fin d'octobre, les pourparlers furent brusquement interrompus par la faute de M. Thiers. Dans un moment d'abandon, il avait confessé à lord Lyons que nous n'avions rien à attendre de la Russie.

— Il n'existe ni entente ni engagement, avait-il dit.

La bonne volonté de l'Angleterre se refroidit aussitôt, et le fruit des efforts de M. de Chaudordy fut entièrement perdu.

C'était l'heure où l'Europe ne nous témoignait qu'indifférence et pitié dédaigneuse, où la Russie, liée à la Prusse par la stérile politique de Napoléon III, réclamait le prix du service qu'elle lui avait rendu en intimidant l'Autriche et déchirait spontanément la clause du traité de Paris, qui limitait son action dans la mer Noire.

Les Italiens eux-mêmes secouaient les entraves que leur avaient imposées les conventions internationales. Ils s'étaient emparés de Rome. Ils nous demandaient de reconnaître le fait accompli. Si grand était le désarroi du gouvernement français que, tandis qu'à Tours, M. de Chaudordy s'obstinait à refuser cette reconnaissance, à Florence, notre représentant, M. Sénart, félicitait les ministres du roi d'un événement qui constituait cependant, surtout à cette heure, un échec pour la politique de la France.

A ces difficultés d'ordre extérieur, s'en joignaient d'autres d'ordre intérieur, non moins graves. M. de Chaudordy, ayant appris que le général de Montauban s'était retiré en Belgique, proposait à ses collègues de l'appeler et de lui confier un commandement. L'amiral Fourichon et M. Clément Laurier adhéraient à cette proposition. MM. Crémieux et Glais-Bizoin la repoussèrent avec violence, ce dernier surtout.

— Jamais, s'écriait-il ; il a voulu nous faire arrêter.

En revanche, un jour, il imaginait de gracier

Berezowski et il fallait toute l'énergie de M. de Chaudordy pour l'empêcher d'accomplir un acte qui eût entraîné la rupture des relations diplomatiques avec la Cour de Russie ; un autre jour, il proposait de faire venir Garibaldi dont M. Sénart ne cessait d'offrir le concours. Mais ses collègues exprimaient un avis opposé au sien. M. de Chaudordy fut même invité à écrire à M. Sénart de ne plus parler de Garibaldi. M. Glais-Bizoin imagina alors une démarche tout au moins insolite. Il rédigea et expédia secrètement à ce personnage une lettre qu'il signa de tous les noms des membres de la Délégation pour le prier de se rendre à Tours.

M. Crémieux fut très mortifié du procédé, mais s'y résigna. L'amiral Fourichon le prit de plus haut ; il donna sa démission. Elle devint l'occasion d'une scène absolument burlesque, dont je retrouve dans mes notes le récit écrit en quelque sorte sous la dictée de M. Clément Laurier.

Au conseil, les deux délégués se disputèrent avec âpreté la succession de l'amiral.

—C'est à moi que le portefeuille revient, disait M. Crémieux.

— Pourquoi à vous et pas à moi? demandait aigrement M. Glais-Bizoin.

— Vous! Mais si vous étiez ministre de la Guerre, il y aurait en Europe un immense éclat de rire.

— On ne rirait pas moins si vous l'étiez.

Commencée sur ce ton, la querelle s'envenimait. On en vint à des propos blessants. M. Clément Laurier leva la séance en criant aux deux délégués :

— Vous me faites l'effet de deux vieilles bêtes?

Et il courut chez l'amiral Fourichon qui, pressé par lui et par M. de Chaudordy, consentit à reprendre sa démission. M. de Chaudordy, en présence de différents si pénibles, insistait sur la nécessité d'élections immédiates.

— Des élections! Mais ceux de Paris n'en veulent pas, objectait M. Clément Laurier. Ils nous feront fusiller.

— Il faut y procéder cependant. J'en prends la responsabilité.

Sur ces entrefaites, Gambetta apparut brusquement à Tours. Sa présence, sans remédier au désordre, eut néanmoins pour effet de rendre au pouvoir un peu de crédit et d'autorité, et de faire rentrer sous terre les ambitions séniles des chefs de la Délégation. M. de Chaudordy lui fut présenté par M. Clément Laurier.

— Je vous connais, dit Gambetta : vous êtes l'auteur des élections.

— C'est vrai, et je les crois nécessaires.

— Pour l'extérieur peut-être, mais non pour l'intérieur.

— Pour l'intérieur comme pour l'extérieur.

— Il ne saurait en être question maintenant.

Et il n'en fut plus question, en effet. Mais, loin d'en vouloir à M. de Chaudordy, Gambetta lui donna, dès ce jour, de fréquents témoignages de confiance, lui abandonna les affaires diplomatiques, le laissa souvent exercer son influence sur les autres.

Quand il apprit que M. de Chaudordy, sans consulter personne, avait appelé à Tours Bourbaki et Charette, rapatrié les zouaves pontificaux

et fait appel à leur patriotisme, il l'approuva.
Bourbaki eut un commandement. Charette entra
en campagne avec ses héroïques compagnons.
Il vint prendre congé de Gambetta, et ces deux
hommes si divers d'opinions, mais réunis par
le péril que courait la patrie, échangèrent,
au moment de se séparer, une étreinte cordiale.

En d'autres circonstances encore, les conseils
de M. de Chaudordy furent écoutés et suivis.
Gambetta ayant manifesté le dessein de préparer
la séparation de l'Église et de l'État en dénon-
çant le concordat, M. de Chaudordy parvint à
écarter ce projet dont la réalisation, en ce moment, aurait eu les plus funestes conséquences.
Dans une suite d'entretiens, il exposa à Gambetta de quelles nécessités, de quelles traditions
est sorti le traité mémorable qui a réglé les
rapports de la France avec l'Église, et le pénétra
si bien de sa propre conviction que le dictateur,
s'adressant à M. Spuller, s'écria :

— Il a raison. Nous avons le Condordat ; il
faut s'y tenir.

Une autre fois, en présence de la gêne du Trésor, la Délégation allait décider une émission de papier-monnaie. M. de Chaudordy jugeait le remède plus dangereux encore que le mal. Ayant appris que M. Magne se trouvait accidentellement à Tours, il alla prendre ses avis, le décida à les porter lui-même à Gambetta. A cette occasion, ce dernier eut une entrevue chez M. de Chaudordy avec l'ancien ministre des Finances de Napoléon III et s'assimila ses vues avec empressement.

Il y eut enfin un jour où M. de Chaudordy obtint que le gouvernement de la Défense nationale ferait toutes ses réserves sur les événements qui venaient de donner Rome comme capitale au royaume d'Italie. Il soumit, à cet effet, à l'agrément de Gambetta une dépêche destinée au cabinet italien, dans laquelle on lisait cette phrase : « La France est toujours la fille aînée de l'Église ».

— Expédiez-la, fit Gambetta après une brève hésitation ; mais il est inutile de la publier.

Je pourrais multiplier ces exemples de l'influence qu'avait prise M. de Chaudordy[1]. J'en ai assez dit, pour montrer ce que fut alors son rôle et combien, trois ans plus tard, le duc Decazes était heureusement inspiré lorsqu'il le désigna au duc de Broglie en vue de la mission à remplir auprès du prince Gortchakof.

III

Quoiqu'il n'eût jamais approché le prince Gortchakof, M. de Chaudordy était connu de lui, grâce à des relations communes, par l'intermédiaire desquelles ils avaient, à diverses reprises, communiqué pendant la guerre.

Un jour, à Versailles, au cours d'une séance, le duc de Broglie appela le comte de Chaudordy. Ensemble, ils quittèrent la salle et, dans

1. Lire à cet égard les études de M. J. Valfrey sur la diplomatie française pendant la guerre, écrites au lendemain des événements et celles de M. Albert Sorel, si remarquables les unes et les autres, par l'esprit qui les a inspirées et par l'abondance des documents.

un couloir, en présence du duc Decazes, le ministre exposa ses désirs.

— Decazes m'affirme que vous pouvez arriver au prince Gortchakof, dit-il.

— Rien n'est plus facile, répondit M. de Chaudordy.

— Il faudrait donc aller le trouver en Suisse. Je vous remettrai une lettre qui vous accréditera auprès de lui. Vous lui ferez part de nos alarmes, des raisons qui les justifient et vous le pressentirez à l'effet de savoir s'il serait disposé à intervenir pour nous préserver de l'acte violent auquel nous nous croyons exposés. Tâchez aussi d'obtenir, ajouta le duc de Broglie, que le prince Orlof reprenne avec moi les rapports qu'il avait avec mon prédécesseur.

Le comte de Chaudordy accepta la mission qu'on lui confiait. Dès le lendemain, après avoir reçu du ministre des instructions plus détaillées, il partait d'abord pour Vichy, où il pensait rencontrer un des amis du prince Gortchakof, et de là pour Interlaken.

Pour comprendre ce que présentait de difficile et de délicat la démarche qu'il allait tenter, il faut se rappeler l'attitude qu'avait prise, dès avant la guerre, le tsar Alexandre II, notoirement conseillé par le prince Gortchakof. Cette attitude avait été favorable à la Prusse, non que l'âme généreuse du Tsar eût conservé de l'expédition de Crimée un ressentiment contre la France, mais parce que, loin de s'attacher à lui faire oublier ce premier grief, le gouvernement de Napoléon III, par son intervention maladroite et funeste dans les affaires de Pologne, en avait fait naître un second qui jamais ne s'était apaisé.

Après l'écrasement de l'Autriche en 1866, on avait pu voir la Russie se rapprocher de la Prusse, non pas seulement le souverain, ce qui était naturel puisqu'il était le neveu du roi victorieux, mais encore le peuple. C'est au nom de ce dernier que l'intrépide et ardent Katkof, le chef du parti slavophile, non encore devenu l'ami de la France, écrivait alors dans la *Gazette de Moscou :* « La marche des événements a fait naître des intérêts qui invitent la

Russie et la Prusse à s'unir plus étroitement que par le passé. »

Ces tendances encouragées par le séduisant langage de Bismarck donnant à entendre à la Russie, sans prendre, d'ailleurs, envers elle aucun engagement formel, qu'il la laisserait libre de faire en Orient ce qu'elle voudrait, la politique française les avait depuis cette époque imprudemment favorisées. Le rapprochement peu à peu était devenu plus étroit.

A la fin de 1869, Alexandre II le proclamait en envoyant à Guillaume Ier, au vainqueur de Sadowa, le grand cordon de Saint-Georges qui n'est conféré qu'à celui qui remporte une grande victoire et, faisant allusion aux événements de 1814, il écrivait : « Acceptez-le comme une nouvelle preuve de l'amitié qui nous unit, amitié fondée sur le souvenir de cette grande époque où nos armées réunies combattaient pour une cause sacrée qui nous était commune. »

Puis, à la suite de l'entrevue d'Ems et de la mission du général de Manteuffel à Saint-Pétersbourg, tandis qu'à Paris, on se laissait prendre

aux attentions personnelles dont était l'objet, de
la part du Tsar, le général Fleury, notre ambassadeur, la Russie se liait définitivement à la
Prusse et s'engageait à lui laisser les mains
libres.

« La Russie, déclarait alors Gortchakof, ne
saurait éprouver aucune alarme de la puissance
de la Prusse. » Déclaration aussi imprévoyante
de la part du chancelier que douloureuse pour
la France et dont Bismarck dira plus tard :

— Je l'ai payée d'un pourboire.

Ce pourboire, c'était la promesse d'appuyer
la Russie quand elle demanderait la revision du
traité de Paris.

Après ces incidents, l'union est faite et la
Prusse en recueille la première les résultats. La
guerre vient. La Russie défend à l'Autriche de
s'allier à la France. Même injonction est faite au
Danemark qui allait ouvrir ses ports à nos bâti-
ments.

En novembre 1870, alors que la conférence de
Londres est saisie de la réclamation russe relative au traité de 1856 et, loin de protester, se

prépare à y céder, Alexandre crée le prince héritier de Prusse feld-maréchal de ses armées. Il décerne le même honneur au prince Frédéric-Charles.

Vers le même temps, lorsque M. de Chaudordy insinue à l'Angleterre l'idée d'une médiation pour rendre moins onéreuses à la France les conditions de la paix, Gortchakof refuse d'y participer.

— Une victoire seule, dit-il, pourrait modifier les exigences de la Prusse et, en l'état des choses, cette victoire n'est pas vraisemblable.

Ainsi, de tous côtés, nous nous heurtons au mauvais vouloir de la Russie. Les démarches qu'elle consent à faire auprès de la Prusse ne vont pas au delà d'exhortations platoniques et restent sans effet. Jamais compliments et remerciements ne furent mieux mérités que ceux qu'en février 1871, l'empereur d'Allemagne prodigue à l'empereur de Russie en lui annonçant la signature des préliminaires de paix : « Jamais la Prusse n'oubliera que c'est à vous qu'elle doit que la guerre n'ait pas pris de proportions extrêmes. Pour la vie, votre ami reconnaissant. »

Enfin, au printemps de 1873, Guillaume se rend en Russie pour donner au Tsar un témoignage de gratitude et d'affection. Durant douze jours, à Saint-Pétersbourg et à Moscou, se succèdent des fêtes resplendissantes. Au moment où le comte de Chaudordy se mettait en route pour rejoindre en Suisse le prince Gortchakof, ce dernier arrivait de Russie où il venait de vivre dans l'intimité des empereurs, de Bismarck et de Moltke. Cette intimité révélait le maintien des anciens accords, mais aussi une réciprocité d'influences. C'est sur celle du chancelier russe que comptait le diplomate français pour assurer le succès de ses démarches.

Il ne fit que toucher barre à Berne. M. Lanfrey y représentait la France, en qualité d'ambassadeur. Nommé à ce poste par M. Thiers et siégeant à gauche de l'Assemblée nationale, il boudait le gouvernement du 24 mai, sans aller cependant jusqu'à vouloir donner sa démission. M. de Chaudordy avait eu l'attention de l'avertir de son voyage, de lui en indiquer sommairement le but et de lui exprimer le désir de le voir. Il devait s'arrêter à Berne à cet effet.

Mais, en arrivant dans cette ville, il trouva à la gare un secrétaire de l'ambassade, chargé de lui présenter les excuses de M. Lanfrey qu'une absence imprévue empêchait de venir lui-même. M. de Chaudordy n'eut pas de peine à comprendre que M. Lanfrey boudait encore, et remontant en wagon, il continua sa route vers Interlaken où le prince Gortchakof l'avait précédé.

IV

Quand il s'agit des affaires dans lesquelles le chancelier de Russie a joué un rôle, il ne faut jamais être surpris d'y trouver une femme. Les femmes tenaient une place considérable dans sa vie. Il aimait au plus haut degré à vivre parmi elles. Même à un âge avancé, il avait de très charmantes et très spirituelles amies.

C'est par l'une d'elles qui passait l'été à Interlaken que notre envoyé s'était ménagé un accès auprès de lui.

— Il est prévenu de votre visite et vous attend, dit-elle à M. de Chaudordy qui était allé la voir au débotté. Je vais l'avertir que vous êtes là et je suis sûre qu'il vous recevra sur-le-champ.

Il en fut ainsi, en effet, si bien que quelques instants après son arrivée, M. de Chaudordy se trouvait en présence de l'illustre homme d'État.

L'accueil qu'il reçut fut exquis et flatteur. Comme il présentait la lettre du duc de Broglie :

— Une lettre! fit le chancelier. Pourquoi faire? Nous nous connaissons depuis longtemps. Gardez-la. Elle vous rappellera plus tard la visite que vous me faites aujourd'hui.

Encouragé par ce langage, le comte de Chaudordy entra tout aussitôt dans le vif des questions qu'il était chargé de poser. Il le fit avec la mesure que commandaient les circonstances, mais avec une émotion facile à comprendre.

Le chancelier parut d'abord surpris que la France eût songé à s'adresser à lui.

— On a été si mal pour nous à Paris pendant toute la durée de l'Empire, observa-t-il. Non seulement Napoléon III a constamment affecté de jeter entre nous la question polonaise, mais encore, il n'a jamais dissimulé sa répugnance à entrer en conversation avec nous. Lorsqu'en 1867, j'ai eu l'honneur d'accompagner à votre Exposition mon auguste maître, il était animé des dispositions les plus favorables à un rapprochement. Il souhaitait ardemment en causer avec votre empereur et, à plusieurs reprises, il en a cherché l'occasion. Mais, celui-ci se dérobait sans cesse, et quelquefois avec si peu de ménagements que nous étions amenés à nous demander s'il avait bien toute sa tête et si ses facultés n'étaient pas dérangées. Puis, ce fut l'injure personnelle que fit à mon souverain M. Floquet, et enfin, l'attentat Berezowski. Alexandre quitta Paris le cœur ulcéré. Il était encore en cet état quand la Prusse est venue nous faire des propositions. Nous n'avions plus aucun motif pour les décliner. Nous avions pris des engagements envers elle et nous sommes liés.

M. de Chaudordy ne se laissa pas déconcerter par cette sortie. Il fit remarquer que nous n'en étions plus à la politique de l'Empire. Tout était bien changé. Il ne s'agissait plus pour la France de jouer un grand rôle en Europe. Condamnée à un recueillement nécessaire, elle ne poursuivait d'autre but que sa reconstitution intérieure. Quand elle ne menaçait personne et n'était plus un danger pour personne, était-il de l'intérêt de la Russie de la laisser écraser?

— Sans doute, répartit vivement le chancelier, il importe pour nous qu'elle redevienne forte. Puis, après un silence, il continua : — Dans les circonstances présentes, il m'est assez difficile de vous servir. Quand je suis en congé je ne m'occupe de rien. Je laisse à mes remplaçants le soin et la responsabilité des affaires. C'est à eux que vous devez vous adresser.

M. de Chaudordy ne se paya pas de cette fin de non-recevoir. Il insista encore au moment où prenait fin cette première audience.

— Eh bien ! nous nous reverrons, répondit le chancelier.

Ils se revirent en effet tous les jours, pendant quinze jours, tantôt seuls, tantôt avec, entre eux, la belle dame qui les avait mis en relations. Les entretiens touchaient d'abord à tout pour revenir ensuite invariablement au même sujet.

Peu à peu, le prince Gortchakof entrait dans les vues de son interlocuteur. Il trahissait sa pensée par des phrases comme celle-ci :

— Nous voulons la France aussi forte que par le passé et Paris aussi brillant.

M. de Chaudordy eut bientôt la preuve que son insistance avait porté ses fruits. Le duc de Broglie lui écrivit : « Le prince Orlof est venu me voir. Il a été entièrement rassurant. »

Naturellement, l'idée de rapports plus intimes et plus cordiaux entre Saint-Pétersbourg et Paris prenait corps. Et comme, en vue de ces rapports le général Le Flô, notre ambassadeur en Russie, ne semblait pas présenter, quels que fussent ses mérites, des garanties suffisantes d'expérience diplomatique et d'habileté, le duc de Broglie écrivait encore à notre envoyé : « Demandez au chancelier s'il est d'avis que nous rappelions Le Flô. »

— Non, ne le rappelez pas, répondait le prince Gortchakof. Ce n'est pas un esprit politique. Mais il est droit, loyal ; il plaît à l'empereur et cela peut servir. Si nous avons des affaires à traiter, nous les traiterons à Paris.

Quand le comte de Chaudordy quitta Interlaken, il pouvait se flatter d'avoir atteint l'objet de sa mission. Une preuve nouvelle en vint d'Allemagne par notre ambassadeur, M. de Gontaut-Biron. On sut de lui qu'en rentrant à Saint-Pétersbourg, le prince Gortchakof s'était arrêté à Berlin et y avait fait entendre des conseils de sagesse et de modération.

Quelques mois plus tard, le duc Decazes, devenu ministre des Affaires étrangères, nommait le comte de Chaudordy ambassadeur à Berne, afin de le mettre à même de continuer, en passant l'été auprès du chancelier, l'entreprise si heureusement commencée.

Les résultats de ce second séjour de M. de

Chaudordy en Suisse ne furent pas moins heureux que ceux du premier. De nouveau, les Allemands proféraient des menaces. Tout leur était prétexte pour nous accuser de vouloir troubler la paix..En janvier 1874, cette agitation avait préoccupé le gouvernement français. Mais, on affectait à Saint-Pétersbourg de ne pas s'en inquiéter. Le général Le Flô, notre ambassadeur, recevait de l'empereur Alexandre et du prince Gortchakof les déclarations les plus rassurantes.

— C'est une manière de détourner l'attention pour échapper à des embarras intérieurs, lui disait-on.

Et l'empereur d'Autriche venu en Russie ajoutait :

— On a été un peu nerveux à Berlin. Mais, je crois qu'on s'y est beaucoup calmé.

Les propos que tint le prince Gortchakof à M. de Chaudordy quand ils se retrouvèrent ne furent pas moins rassurants.

— Tout cela a été une comédie, observait-il.

Et comme M. de Chaudordy objectait qu'on était exposé à la voir recommencer et tourner

au drame, le chancelier secouait la tête d'un air
de doute et répondait :

— En tous cas, rendez-vous forts, rendez-
vous très forts.

On verra dans le chapitre suivant que M. de
Chaudordy ne se trompait pas. A quelques mois
de là, la comédie recommençait, et cette fois
assez menaçante pour décider l'empereur de
Russie et le cabinet de Londres à intervenir.

Le duc Decazes laissa le comte de Chaudordy
à Berne jusqu'en septembre 1874. A ce moment,
les affaires d'Espagne nécessitant la présence à
Madrid d'un diplomate habile, il le désigna pour
cette ambassade.

Quand M. de Chaudordy fit connaître sa
nomination au chancelier, ce dernier se récria :

— Pourquoi Madrid? C'est à Constantinople
que vous devez aller. Lorsque vous y serez,
nous y ferons de la bonne besogne.

Mais M. de Chaudordy ne voulait pas de ce
poste, et malgré les efforts du duc Decazes,
auquel il avait fait part du désir du chancelier,
il persista à préférer Madrid où il alla. Ulté-

rieurement, quand la France eut à envoyer un
délégué à la Conférence de Constantinople, qui
précéda, sans la prévenir, la guerre turco-russe,
le duc Decazes lui écrivit : « L'Angleterre envoie
Salisbury à Constantinople comme ambassadeur
extraordinaire. Vous n'avez aucun motif pour
n'y pas aller au même titre. »

Cette fois, M. de Chaudordy céda.

Avant de partir, il alla voir le maréchal de
Mac-Mahon. Comme il prenait congé de lui, le
président qui, pendant l'enretien, ne lui avait
pas parlé de sa mission nouvelle, lui jeta tout
à coup d'un ton de commandement ces seuls
mots :

— Vous serez avec les Russes.

Tel est le premier épisode, à partir de 1871,
où commencent à se faire jour, à l'instigation
de la diplomatie française, les tendances de la
Russie à se rapprocher de la France.

Bien des années devaient s'écouler, cependant, avant que le rapprochement s'opérât.
Même en 1875, quand l'empereur Alexandre II
intervenait, pour nous protéger contre l'Alle-

magne, il n'entendait pas se séparer d'elle. Il
fallut les événements subséquents : la conférence de Constantinople, le Congrès de Berlin,
le voyage de M. de Bismarck à Vienne, en 1879,
pour lui démontrer qu'il avait été dupé par la
Prusse. Dès lors, son parti fut pris de sortir de
la triple alliance dès qu'il le pourrait. Lorsqu'en
1881, son fils, le Tsar actuel, lui succéda, il n'eut
qu'à persévérer dans la voie ouverte par son
père, pour y trouver une politique conforme aux
sympathies et aux idées qu'il manifestait déjà,
quand il n'était encore que prince héritier.

CHAPITRE III

LA CRISE DE 1875

I

C'est au mois d'octobre 1879 qu'ont été révélés pour la première fois, dans un récit publié
par le *Figaro*, les détails émouvants de cette crise
qui, quatre ans avant, au printemps de 1875,
avait menacé le paix européenne. J'étais l'auteur de ce récit[1], et je tenais du duc Decazes
lui-même les documents à l'aide desquels il
m'avait été donné de l'écrire.

Ces documents, je ne les lui arrachai pas sans
peine. Vingt fois, je les avais sollicités de sa
vieille et tendre amitié pour moi. Vingt fois, il
me les avait refusés. Il redoutait, comme il le
disait avec simplicité, d'avoir l'air de chercher
« une réclame ». En vain, j'invoquais les droits
de l'histoire et de la vérité, l'intérêt de sa réputation, la violence des attaques dont, longtemps

---

1. Il figure dans mes *Souvenirs de la Présidence du maréchal de Mac-Mahon*.

encore après le Seize-Mai, il était l'objet ; il résistait toujours.

Un soir, au printemps de 1879, comme je le pressais plus vivement, tout d'un coup, il se décida. Je le vois encore se lever, aller à la bibliothèque dans laquelle il conservait une copie des documents relatifs à l'histoire de son ministère, y prendre deux volumes et revenir vers moi. Je l'entends encore me raconter, tout en feuilletant les recueils de ses dépêches, les dramatiques incidents qui, du mois de mars au mois de mai 1875, avaient rempli six semaines de sa vie.

Il parlait éloquemment, la fièvre aux yeux et aux mains, n'interrompant son récit que pour me lire les dépêches de M. de Gontaut-Biron, de M. Lefebvre de Béhaine, de M. de Jarnac, de M. Gavard, de M. le marquis d'Harcourt, celles surtout du général Le Flô, ambassadeur en Russie, lors de ces mémorables circonstances, et qui fut, pour le duc Decazes, le plus intelligent, le plus utile auxiliaire et aussi le plus hardi.

Il me lut de même la lettre publiée par le

Times, écrite, à sa demande, par M. de Blowitz, correspondant de ce journal, grâce à laquelle fut « crevé le ballon allemand » et tombèrent des régions mystérieuses de la diplomatie dans la publicité les projets du parti militaire alle-mand, en provoquant en Europe le mouvement d'indignation qui aida à les déjouer.

Je connus ainsi les patriotiques angoisses du duc Decazes, vieilles déjà de quatre années, mais dont il ne pouvait parler sans émotion. Ce jour-là, j'eus la conviction que l'histoire, après que ces épisodes lui auraient été restitués, en garderait mémoire, en même temps qu'elle conserverait le nom des hommes dont le patrio-tisme, le courage, l'habileté avaient, en ces cir-constances, préservé notre pays des horreurs de la guerre. Lorsque, trois mois plus tard, eut été publié par le *Figaro* le récit dont je parle, je reçus du duc Decazes une lettre de gratitude. Elle ne contenait qu'une ligne, mais une ligne ainsi conçue : « Merci. Vous m'avez vengé. — LOUIS. »

Cependant, le récit passa presque inaperçu

en France. On ne voulait pas, dans le parti ré-
publicain, avouer que le duc Decazes avait bien
mérité de la patrie ni faire un piédestal à « un
complice du Seize-Mai ». Gambetta ne jugea
pas utile d'avouer que le 11 mai 1875, quelques
jours après l'incident, dans une sous-commission
du budget qu'il présidait, il avait adressé au duc
Decazes les plus chaleureuses félicitations ; les
républicains oublièrent même qu'aux élections
de 1876, la plupart d'entre eux avaient soutenu
dans le huitième arrondissement de Paris la
candidature du ministre des Affaires étrangères,
en reconnaissance de sa conduite de l'année
précédente.

Le *Temps* contesta la vérité de mon récit. Il
prétendit qu'il n'y avait là qu'un effort de la
diplomatie du 24 Mai pour exploiter le mécontentement de la Russie contre l'Allemagne,
forcer la main au cabinet Waddington, le faire
sortir de sa neutralité, lui imposer des liaisons
avec la Russie, l'obliger à reprendre la politique
du duc Decazes et la justifier en la continuant.
Enfin, les journaux officieux allemands me

couvrirent d'injures. En revanche, dans un article magistral, la *Revue d'Édimbourg* confirma tous mes dires. Depuis, ils ont dû être considérés comme l'expression rigoureuse de la vérité. Le temps a fait justice des objections sans fondements et des démentis sans preuves.

Du reste, en 1887, au moment de l'affaire Schnœbelé, le général Le Flô, du fond de la retraite où s'écoulaient ses dernières années, m'apporta un secours inattendu en livrant à l'histoire, prématurément peut-être, mais très à propos, par l'intermédiaire du *Figaro*[1], la correspondance qu'il avait échangée avec le duc Decazes à l'heure de l'événement. Depuis, les exécuteurs testamentaires de M. Gavard qui fut chargé d'affaires à Londres après la mort du comte de Jarnac, notre ambassadeur, ont publié un fragment de ses souvenirs. Dès lors, il n'y avait plus de dénégation possible. Tout ce que j'avais raconté s'est retrouvé amplifié, détaillé, vécu, dans ces documents pathétiques,

---

1. 21 septembre 1887.

où passe un souffle impétueux d'ardent patriotisme et qu'encore aujourd'hui, on ne saurait
relire sans émoi.

Une histoire, même abrégée, de l'alliance
franco-russe serait par trop incomplète et con-
tiendrait une trop regrettable et trop profonde
lacune si je n'y donnais une place à ces incidents où, une fois de plus et avec plus de force
encore qu'en 1873, se révéla la ferme volonté de
l'empereur de Russie de ne pas laisser écraser
la France. Ces incidents appartiennent à l'histoire de l'alliance. Ils en forment le plus atta-
chant chapitre. C'est à ce titre qu'au risque de
me répéter, j'y reviens pour ce qui concerne le
rôle de la Cour de Russie, en m'inspirant de
ma première relation, mais en la complétant
par les traits si caractéristiques dont abonde la
correspondance que publia, en 1887, le général
Le Flô, et par d'autres renseignements divul-
gués depuis.

II

Au printemps de 1875, le parti militaire allemand voulait la guerre. Il estimait que la France s'était relevée trop vite de ses défaites. Il voyait avec dépit le budget français, malgré ses charges, se solder avec un excédent. Il n'admettait pas que notre pays réorganisât son armée. A l'insu de l'Empereur, entraînant dans leurs vues malveillantes le prince de Bismarck, les généraux germaniques, MM. de Moltke et de Blumenthal en tête, rêvaient comme en 1873 et comme en 1874, mais avec plus d'impatience et de persévérance, d'une invasion nouvelle de la France, d'une marche vers Paris, de l'annexion de Belfort et d'une contribution de guerre de dix milliards.

Toutefois, il fallait un prétexte. Le prétexte fut la formation d'un quatrième bataillon par régiment, voté par l'Assemblée nationale. On se garda certes de dire que ce quatrième bataillon, formé à l'aide de compagnies prises aux trois bataillons existants déjà, ne constituait pas une augmentation d'effectif, mais seulement une répartition nouvelle des hommes sous les armes. On nous accusa de grossir nos forces, de vouloir la guerre. Rien de plus mensonger, et on ne l'ignorait pas plus à Berlin qu'ailleurs. C'était le temps où nous la voulions si peu que le maréchal de Mac-Mahon s'écriait :

— Si quelqu'un nous marchait sur le pied, je dirais : pardon.

Mais, avant de tenter contre la France un coup de force, ne fallait-il pas d'abord prouver qu'elle était enragée?

« La guerre est-elle en perspective? » demandait la *Post* de Berlin. Et, répondant à la question, ce journal ajoutait que la réorganisation de l'armée française était « une œuvre *ad hoc*, le fruit de la coalition des orléanistes et des républicains, qui, après avoir voté la Constitution, rêvaient de déclarer la guerre à l'Allemagne ». La *Gazette de Cologne*, la *Gazette de l'Allemagne du Nord,* renchérissaient sur ces commentaires, dénonçaient nos armements. « L'augmentation apportée à l'effectif est colossale, disait la *Gazette nationale*, et ce fait, rapproché du vote de la Constitution qu'on peut considérer comme la fin de la lutte des partis, doit ouvrir les yeux à l'Allemagne. » Et ces injustes accusations, formulées par des pamphlétaires à la solde de Bismarck, des condottieri de plume, comme il les appelait, devenaient en quelques jours si violentes que les feuilles anglaises se demandaient si « l'on cherchait à pousser la France à un coup de tête ».

Ces procédés qui, sous prétexte de défense, constituaient la plus grossière agression, sortaient bientôt du domaine des journaux pour entrer dans les régions diplomatiques. La chancellerie allemande allait partout faire montre de ses alarmes feintes. Les rapports de nos agents apportaient au duc Decazes des preuves non équivoques des propos tenus à Pétersbourg, à Londres, à Vienne, à Munich, par les diplomates germaniques. M. de Bismarck envoyait un de ses favoris, M. de Radowitz, au prince Gortchakoff, pour « lui ouvrir les yeux ». Et encore que le chancelier russe se demandât « pourquoi on lui envoyait Radowitz » et accueillît par un éclat de rire ses communications alarmistes, il ne se dissimulait pas que l'Allemagne nous cherchait querelle.

A ce moment, notre ambassadeur, le général Le Flô, était absent de Saint-Pétersbourg. Le 15 février, ses devoirs de député l'avaient appelé à Versailles pour y prendre part au vote des lois constitutionnelles. Il ne devait rentrer à son poste que vers la mi-avril.

Après quelques semaines de congé, il se préparait à y retourner, sans se douter encore, — il l'a reconnu lui-même, — de la gravité que présentait la situation. « Je pus, dit-il, prendre congé du maréchal-président et de mon chef direct, le duc Decazes, en pleine sécurité et sans avoir reçu de l'un ni de l'autre aucune nouvelle information et, par suite, aucune autre instruction que d'observer dans mes rapports en Russie une très grande réserve à l'égard des choses de Berlin. »

De cette affirmation que la loyauté prover-
biale du général Le Flô ne permet pas de mettre
en doute, à moins que la mémoire ne lui ait
fait défaut, il ressort qu'au moment où il avait
pris congé du duc Decazes, ce dernier n'était
encore qu'imparfaitement éclairé sur les incidents allemands, ou que s'il les connaissait, il
voulait, pour en mieux mesurer la gravité, ne
s'en ouvrir à l'ambassadeur que lorsque celui-ci
en aurait recueilli les preuves à Saint-Pétersbourg.

Peut-être aussi, le général était-il victime, en
cette circonstance, de l'opinion qu'on s'était
faite à Paris de l'insuffisance de ses talents diplomatiques, opinion à laquelle il allait donner le plus éclatant démenti, mais qui s'était si
fortement établie qu'en 1873, à Interlaken, le
prince Gortchakof, comme on l'a vu précédemment, disait à M. de Chaudordy.

— Laissez-nous Le Flô ; il plaît à l'Empereur
et cela peut servir. Si nous avons des affaires
à traiter, nous les traiterons à Paris.

Quoi qu'il en soit, c'est dans un entretien

qu'il eut avec le maréchal de Mac-Mahon, quelques instants avant de se mettre en route, que
le général Le Flô fut mis au courant de ce qu'on
lui avait laissé ignorer. Le maréchal lui com-
muniqua et il put lire une série de rapports et
documents secrets qui ne laissaient aucun
doute sur le projet arrêté par l'Allemagne de
nous faire la guerre sans délai[1].

Dans une lettre venue de haut, mais dont le
général Le Flô ne nomme pas l'auteur, il était
dit : « Vous serez attaqués au printemps ; »
dans une autre : « La guerre est remise au mois
de septembre. » Notre ambassadeur ne s'attarda
pas à récriminer et, résolu « à ne s'inspirer que
de son patriotisme », il partit pour Saint-Pétersbourg, pressé de voir l'Empereur.

Arrivé à son poste le 9 avril, il recevait, dès
le lendemain matin, étant encore au lit, la visite
du prince Gortchakof, visite toute de courtoisie
durant laquelle le prince-chancelier, quoiqu'en
affectant de considérer comme exagérées les

---

1. J'ai résumé ces rapports dans mon récit de 1879.

craintes du gouvernement français qui lui avaient été transmises par le prince Orlof, ne se fit pas faute de dire et de répéter que s'il était démontré qu'elles avaient un fondement, l'empereur de Russie saurait tenir à Berlin un clair et ferme langage.

— En attendant, ajoutait-il, rendez-vous forts, très forts.

A quelques jours de là, un entretien qu'eut l'ambassadeur avec le Tsar mit plus visiblement en relief les dispositions de la Russie.

Alexandre commença par adresser au général diverses questions, toutes bienveillantes et sympathiques, sur les incidents qui avaient amené le vote de la loi constitutionnelle et la proclamation de la République. En lui répondant, le général Le Flô fut amené à constater qu'un sensible apaisement s'était produit en France, que jamais la tranquillité n'avait été plus grande à l'intérieur, ni l'esprit de l'armée meilleur.

— Il est seulement fâcheux, observa-t-il, que M. de Bismarck se plaise à multiplier à l'extérieur

une succession non interrompue de points noirs
qui trouble le pays et provoque en Europe les
plus vives inquiétudes.

— Je comprends cette anxiété, répondit le
Tsar, et j'en déplore les causes. J'ai la conviction cependant que l'Allemagne est très loin de
vouloir la guerre et que tous ces agissements
très regrettables de Bismarck ne sont que des
ruses employées par lui, pour mieux assurer
son pouvoir, en se faisant croire plus nécessaire par l'étalage de dangers imaginaires. Je
sais pertinemment que l'empereur Guillaume
est très résolument opposé à toute nouvelle
guerre, et si Sa Majesté venait à manquer, je
crois que le prince impérial ne la voudrait pas
plus que son père. En tous cas, soyez assuré
que je veux la paix comme vous, et que je
ne négligerai rien pour qu'elle ne soit pas
troublée.

— La France l'espère ainsi, Sire, s'écria le
général Le Flô, et elle compte, pour détourner
d'elle les dangers qui la menacent, sur la puissante intervention de Votre Majesté, dont la

parole respectée exerce aujourd'hui une si grande influence en Europe.

L'ambassadeur ajouta que c'était un grand honneur pour la Russie d'avoir conquis en pleine paix, sans tirer un coup de canon, grâce seulement à la sagesse de son gouvernement et au caractère de l'Empereur, une prépondérance dont on était obligé de tenir compte, même à Berlin, et dans laquelle la France et avec elle tous les autres cabinets européens se plaisaient à mettre leur confiance!

Très touché par ce compliment, l'Empereur reprit un à un les divers indices des dispositions hostiles de l'Allemagne, que le général lui avait signalés et s'attacha à en atténuer la signification. L'Allemagne avait fait à Vienne une commande de douilles pour cartouches s'élevant à quarante millions ; les usines Krupp fabriquaient pour elle, par centaines, des canons de nouveau modèle. Tout cela n'était pas douteux. Mais le reproche que nous adressions au cabinet de Berlin, à cet égard, il nous le retournait avec une apparence de raison.

— Non pas, continua l'Empereur que je ne trouve parfaitement légitime l'activité que vous apportez à augmenter les forces de votre armée, mais l'argument se présente trop naturellement pour que Bismarck ne s'en serve pas contre vous.

— La situation n'est cependant pas tout à fait la même, Sire, observa l'ambassadeur. Les forces militaires de l'Allemagne étaient restées complètes après la guerre. Elles avaient même peut-être augmenté, tandis que les nôtres avaient sombré entièrement et coulé à pic.

— C'est vrai, je le reconnais et je ne vous blâme pas, tant s'en faut! Quoi qu'il en soit, je le répète, on ne peut pas vous faire la guerre, tant que vous n'y donnez aucune raison sérieuse, et vous n'en donnez pas. S'il en était autrement, c'est-à-dire si l'Allemagne entendait entrer en campagne sans motif ou sous des prétextes futiles, elle se placerait vis-à-vis de l'Europe dans la même situation que Bonaparte en 1810. — Et ce serait à ses risques et périls, ajouta l'Empereur d'un ton plus bas.

Enfin, au moment où le général Le Flô allait prendre congé de lui, le Tsar résuma en quelques paroles l'entretien rassurant qui venait d'avoir lieu :

— Ne vous alarmez pas, Général, dit-il. Rassurez votre gouvernement ; dites-lui que j'espère que nos relations resteront toujours ce qu'elles sont aujourd'hui, sincèrement cordiales. Vous savez combien j'ai d'estime pour votre personne, j'ai une confiance entière en vous ; je crois tout ce que vous me dites ; ayez la même confiance en moi. Les intérêts de nos deux pays sont communs, et si, ce que je me refuse à croire, vous étiez un jour sérieusement menacés, vous le sauriez bien vite, et vous le sauriez par moi.

III

Il n'est pas besoin de dire quelles étaient, au cours de ces incidents, les angoisses du gouvernement français, et plus particulièrement

celles du duc Decazes, sur qui pesait la responsabilité de la conduite à tenir en ces graves
occurrences.

On se trouvait, sans être prêt à combattre,
en face d'un adversaire redoutable, qui menaçait
de nous surprendre dans l'œuvre de notre réorganisation, de disperser le prix des efforts de
quatre années et de nous paralyser pour un
long avenir. Fallait-il affronter la guerre? Ne
valait-il pas mieux subir les exigences de l'Allemagne et désarmer? Ou bien était-il impossible
d'éviter à la fois l'humiliation et la guerre? Le
duc Decazes persistait à ne pas le penser.

— Pourquoi désarmerions-nous puisque nous
n'avons pas armé? objectait-il à ses collègues.

Entre temps, et quoique le prince Gortchakof
eût affecté de ne faire que de vagues et dédai-
gneuses allusions à la mission que M. de Radowitz, au nom de M. de Bismarck, avait remplie
auprès de lui durant le mois de mars, on finis-
sait par savoir à Paris en quoi elle avait consisté
et on y trouvait une preuve plus significative
des intentions belliqueuses de l'Allemagne.

Déjà, par lui même, le choix de M. de Radowitz était un aveu. M. de Gontaut-Biron avait rendu compte que ce diplomate le rencontrant dans un salon de Berlin, lui avait dit :

— Pouvez-vous nous affirmer que la France n'espère pas contracter des alliances, qu'elle ne songe pas à une revanche, et que si nous la laissons faire, nous n'avons pas tout à craindre d'elle ? Si cela est vrai, notre intérêt, comme le repos de l'Europe, exige que nous n'attendions pas qu'elle ait réparé ses forces pour la ruiner.

Pour qui connaît la diplomatie allemande, il n'est pas admissible que M. de Radowitz eût tenu ces propos sans y être autorisé. Il eût joué trop gros jeu à en prendre la responsabilité. Le comte d'Arnim a été châtié pour moins que cela et la brillante carrière de M. de Radowitz, arrivé jeune encore à l'ambassade de Contantinople, après avoir été secrétaire du Congrès de Berlin, prouve assez qu'il ne s'est jamais exposé à déplaire et n'a jamais déplu. Quand donc il parlait à notre ambassadeur en termes comminatoires, c'est bien la pensée de M. de Bismarck

qu'il exprimait, à moins que, justifiant déjà l'accusation que plus tard, après sa course à Saint-
Pétersbourg, le chancelier de fer formulait
contre lui : « il ne fut plus maître de sa langue
quand il avait bu trois verres de vin. »

Le message qu'il avait rempli auprès de la
Russie s'inspirait du même esprit. Il avait deux
objets. Le premier, avoué, se rapportait à quelques questions de politique générale alors pendantes en Europe; le second, confidentiel, nous
concernait directement. M. de Radowitz était
chargé de pressentir les dispositions de la Russie
au cas où l'on se déciderait, à Berlin, à ouvrir
la campagne contre la France et de faire connaître, ou seulement d'insinuer, selon le tempérament, les concessions que l'Allemagne pourrait consentir, du côté de l'Orient, en retour des
complaisances qu'elle sollicitait.

— Qu'est-ce qui pourrait donc bien vous
être agréable, avait demandé M. de Radowitz,
et que réclameriez-vous du côté de la Turquie?

— Nous ne voulons rien de plus que ce que
nous possédons, avait répliqué le prince Gort-

chakof, et nous ne poursuivons en Orient que le maintien de ce qui existe, avec la paix qui n'est pas moins nécessaire aux malheureuses populations chrétiennes de ces pays qu'à celles de tous les autres.

Ainsi, en même temps qu'apparaissaient plus visibles les mauvais desseins de la Prusse, éclatait plus clairement la résolution de la Russie de ne pas s'y prêter. A Paris, cependant, on recueillait trop de symptômes précurseurs de l'orage pour se rassurer. On restait en proie aux plus vives alarmes. Un matin, le prince de Hohenlohe, ambassadeur d'Allemagne à Paris, se présenta chez le duc Decazes. Il était chargé de lui déclarer, au moment de partir pour un voyage qui menaçait de devenir une rupture, « que les armements de la France constituaient un danger pour l'Allemagne ».

Le ministre français déploya le plus intrépide sang-froid. Il ne voulut pas recevoir la déclaration officielle du prince de Hohenlohe, ni en prendre acte, et, dans un entretien singulièrement dramatique sous des formes courtoises, il s'attacha et parvint à ne pas la recevoir.

Mais une heure après, il se rencontrait avec le prince Orlof et lui traçait le tableau des périls qui pouvaient, d'un moment à l'autre, éclater sur la France.

— Que ferez-vous donc si vous êtes attaqués? demanda l'ambassadeur de Russie.

— Ce que nous ferons, s'écria Decazes avec émotion, nous nous retirerons derrière la Loire; c'est là que nous concentrerons notre armée, en laissant à l'armée allemande la liberté d'occuper le reste de la France.

— Vous ne ferez pas cela, objecta l'ambassadeur russe.

— Nous le ferons, c'est décidé, et l'Europe verra tranquillement, l'arme au bras, la France envahie, dévastée, et ne se défendant pas. Oui, elle verra cela. Le tolérera-t-elle !

Le même soir, le prince Orlof envoyait à Pétersbourg un compte rendu de cet entretien, qui ne pouvait que fortifier les dispositions si habilement entretenues par le général Le Flô.

A ce moment, c'était à la fin d'avril, une détente tout à coup se produisit. La reine Victoria avait écrit à l'empereur Guillaume une lettre pressante où, en le suppliant de ne pas troubler la paix de l'Europe, elle lui révélait ce qu'il ignorait encore, à savoir que cette paix, autour de lui, on tentait de l'empêcher. D'autre part, l'empereur de Russie avait fait parvenir à Berlin un langage analogue dont M. de Gontaut-Biron avait retrouvé l'influence dans les propos rassurants que lui avait tenus le vieux monarque.

Enfin ce dernier, rencontrant M. de Polignac, notre attaché militaire, lui avait dit :

— On a voulu nous brouiller ; mais maintenant, c'est fini.

C'étaient là des témoignages d'apaisement. Mais après de si violentes alertes, ils ne pouvaient suffire au gouvernement français. Il ne suffisait pas en effet d'avoir enrayé la crise ; il fallait en conjurer le retour. C'est dans l'entraînement de cette conviction que le duc Decazes écrivit au général Le Flô, à titre personnel, le 29 avril, l'éloquente lettre qui suit :

Mon cher Général, ma correspondance officielle et confidentielle ne me laisse plus grand'chose à vous dire ; mais je tiens cependant à causer un moment avec vous, tout au moins pour que vous sachiez combien nous apprécions l'énergie et l'efficacité de votre intervention, et combien aussi nous faisons foi et état sur les sentiments dont vous avez recueilli l'expression auprès de Sa Majesté Impériale et de son Chancelier. Vous remarquerez que je n'hésite pas à leur attribuer l'apaisement qui se produit depuis quarante-huit heures à Berlin, et qui est si marqué que M. de Gontaut n'hésite pas à considérer comme passée la crise dont il constate en même temps l'intensité exceptionnelle.

L'empereur Guillaume disait, il y a quelques jours au prince de Polignac : « *On* a voulu nous brouiller. » Je ne vois pas clairement qui était cet *On* et je ne sais pas donner un nom à ce trouble-fête ; mais je vois clairement que c'est l'attitude de la cour de Russie qui a écarté de nous le danger imminent, et vous voudrez bien en exprimer à qui de droit notre profonde reconnaissance. Il appartient à Sa Majesté Impériale de compléter et de fortifier son œuvre. Je vous ai dit souvent qu'à mes yeux, l'empereur de Russie était l'arbitre de la paix du monde. Il peut l'assurer pour longtemps aujourd'hui, par le langage qu'il tiendra à Berlin à son passage, et l'énergie avec laquelle il affirmera sa volonté de ne pas permettre qu'elle soit troublée.

La doctrine étrange développée par M. de Radowitz

est de celles qui doivent le plus vivement indigner la
conscience honnête et droite de ce grand souverain,
et il est digne de lui de la traiter comme elle le mérite. Si je ne suis pas aussi rassuré que le prince
Gortchakof le voudrait, et me le conseille, ce n'est
pas que je doute de l'appui que son souverain nous
prêterait contre de funestes tendances, non plus que
de l'influence que son intervention exercerait, *si elle
se produisait à temps.*

Mais c'est précisément parce que ses volontés pacifiques sont bien connues à Berlin, parce qu'on y sait
qu'il protestera énergiquement contre des desseins
pervers que je dois craindre qu'ils lui soient soigneu-
sement dissimulés, et qu'on se décide quelque jour à
le mettre en présence d'un fait accompli.

Je n'aurais plus cette crainte et ma sécurité serait
absolue du jour où Sa Majesté aurait déclaré qu'elle
considérerait une surprise comme une injure, et
qu'elle ne laisserait pas cette iniquité s'accomplir.

Avec ce mot-là, la paix du monde serait assurée et
il est bien digne de l'empereur Alexandre de le prononcer. Pour moi, je n'hésite pas à ajouter à ce que
vous avez dit si justement pour affirmer nos intentions, *nos résolutions* pacifiques, que je suis prêt à
donner au Tsar telle garantie qu'il croira nécessaire
contre toute pensée d'agression, toute pensée d'un
trouble à apporter à la paix du monde, décidé à soumettre à son auguste arbitrage tout différend qu
pourrait s'élever, et à mettre ainsi sous la sauvegarde
de sa haute raison cet apaisement des cœurs, des

esprits et des intérêts dont il a su assumer le glorieux protectorat.

Sa Majesté a daigné vous dire *qu'au jour du danger nous serons prévenus par Elle*. Nous acceptons cette certitude avec une confiance d'autant plus grande que c'est à sa sollicitude que nous aurons recours ce jour-là. Mais si elle n'était pas prévenue à temps, Elle daignera comprendre et reconnaître qu'Elle aussi aura été trompée et surprise; qu'elle se trouvera pour ainsi dire devenue la complice involontaire du piège qui nous aura été tendu. Et je dois avoir aussi cette confiance qu'Elle vengera ce qui sera devenu son injure propre, et qu'Elle *couvrira de son épée* ceux qui se sont reposés sur son appui.

C'est là, mon cher Général, l'assurance que je voudrais recueillir par vous.

Hélas! je sais bien, mon cher Général, que vous n'obtiendrez pas tout cela; mais je sais aussi que, mieux que tout autre, vous obtiendrez tout le possible. D'ailleurs, vous avez avec Sa Majesté une liberté d'allures et de langage, qui peut vous permettre de lui dire à peu près textuellement tout ou partie de ce qui précède. Peut-être même pourriez-vous en lire un passage au prince Gortchakof. Il y trouvera tout au moins la manifestation évidente de notre volonté de maintenir la paix. Il est en tout cas certain que le voyage de l'Empereur à Berlin est pour nous une occasion dont il est important de tirer tout le parti qu'elle comporte. Car c'est surtout par lui que nous pouvons savoir le vrai fond des desseins et des audaces de la Prusse.

7

C'était, certes, une tentative hardie d'oser mettre le Tsar en demeure de déclarer qu'au besoin, il tirerait l'épée pour protéger la France contre son agresseur. Mais, le duc Decazes considérait avec raison que l'heure des ménagements était passée, qu'il fallait des déclarations précises et énergiques et, s'il n'espérait pas les obtenir, il comptait sur la brutale franchise du général Le Flô, sur la liberté de langage que l'Empereur lui avait toujours laissée, pour faire parvenir à ce dernier l'expression complète de ses désirs.

IV

Arrivée au général Le Flô, à la date du 2 mai, la lettre de son chef hiérarchique le jeta dans les plus vives perplexités. Quel usage allait-il en faire? La mettrait-il sous les yeux de l'Empereur?

Poussé par son premier mouvement à ce

parti décisif, que commandaient les circonstances, il n'osait y donner suite, dans la crainte
que quelques-unes des expressions devant lesquelles n'avait pas reculé le ministre parlant
confidentiellement à l'ambassadeur, fussent
considérées par le Tsar comme par trop dé-
pourvues de ménagements diplomatiques. Partagé ainsi entre la crainte de déplaire et de
compromettre une situation déjà très bonne et
le risque de perdre l'occasion d'éclairer l'Empereur, il demeurait hésitant.

C'est alors qu'il eut l'idée de solliciter l'avis
du prince Gortchakof. Dans la journée du lendemain, il lui fit demander une audience. Elle
lui fut accordée sur-le-champ. Il y alla, emportant dans son portefeuille la lettre du duc Decazes, un rapport de M. de Gontaut-Biron et
diverses autres pièces qui ne laissaient aucun
doute sur les intentions de l'Allemagne.

— L'Empereur m'a fait connaître quels propos il vous a tenus la dernière fois que vous avez
eu l'honneur de le voir, dit le prince Gortchakof
au général Le Flô. Il vous a donné l'assurance

que si vous étiez menacés, vous le sauriez
bientôt et par lui. Cette parole est grave et moi,
je ne vous l'aurais point dite, car elle peut créer
à Sa Majesté, dans un moment donné, une
situation délicate du côté de l'Allemagne.

Le général Le Flô jugea inutile de discuter
cette opinion. Il avait mieux à faire. Il voulait
donner lecture au chancelier de la lettre du duc
Decazes. Autorisé par lui, il commença cette
lecture en passant certaines expressions par lesquelles il craignait de choquer son interlocuteur. Mais son embarras et ses hésitations le
trahirent, et le prince Gortchakof devina :

— Vous ne me lisez pas tout, fit-il. Entre
vous et moi, rien ne doit être caché. Lisez-moi
donc tout; vous pouvez tout me dire; j'ai besoin
de tout savoir.

Le général Le Flô obéit, enhardi par cette
invitation bienveillante. Quand il arriva au
passage dans lequel le duc Decazes demandait
à l'Empereur de tirer l'épée pour couvrir la
France :

— Oh! ceci est bien un peu fort, s'écria le

prince Gortchakof. C'est égal, laissez-le. Nous ne tirerons pas l'épée et nous n'en aurons pas besoin. Nous arriverons sans cela.

Puis, quand l'ambassadeur eut cessé de lire, le chancelier lui demanda la lettre. Il voulait l'envoyer à l'Empereur.

— Peut-être un résumé suffira-t-il ! objecta le général Le Flô, troublé par cette proposition si peu conforme aux usages diplomatiques.

Le prince Gortchakof protesta :

— Des extraits ! fit-il. Pourquoi des extraits? Non, la vérité tout entière, il le faut. Croyez-moi, je connais mon maître et je sais ce qui lui convient. Il vous aime beaucoup et vous pouvez lui dire beaucoup. L'heure n'est pas aux ménagements de parole.

Ce fut le mérite du général Le Flô de comprendre, en cette circonstance, tout ce qu'il pouvait tirer de l'occasion inespérée qui s'offrait à lui et de la saisir sans hésiter. Il savait d'ailleurs qu'il n'y avait pas un instant à perdre. L'Empereur allait partir pour Berlin, et le chancelier devait travailler avec lui le lendemain pour la dernière fois de la saison. Ces considérations décidèrent notre ambassadeur. Heureusement inspiré, il remit au chancelier la lettre du duc Decazes et les autres documents qu'il avait apportés. Ainsi qu'il l'a écrit dans un rapport officiel, il lui livra son portefeuille[1].

Le prince était étendu sur une chaise longue, encore souffrant d'une chute de voiture. Mais, en recevant les papiers des mains du général, il se leva et, sur-le-champ, écrivit à l'Empereur :

Sire, le général Le Flô vient de me communiquer des dépêches qu'il a reçues cette nuit de son gouvernement. Après m'en être entretenu avec lui, je lui ai demandé de me permettre de les placer sous les yeux de Votre Majesté. Il y a consenti et j'ai l'honneur de vous les envoyer. Votre Majesté jugera de leur importance.

Le général Le Flô dut attendre, pendant vingt-quatre heures, le résultat de cette démarche. Le lendemain, ses papiers lui reve-

1. « La communication entière et sincère du dossier a été un coup de maître dont je vous félicite, » écrivait peu de jours après le duc Decazes au général Le Flô.

naient. Mais, ils étaient accompagnés d'un billet du chancelier dont voici la teneur :

Général, l'Empereur m'a remis ce matin, de la main à la main, les pièces que vous m'aviez confiées et m'a chargé de vous remercier de cette preuve de confiance. Sa Majesté a ajouté qu'elle confirme tout ce qu'elle vous a dit de vive voix.

Ce n'était certes pas l'engagement de tirer l'épée. Mais c'était, sous une forme émouvante, en des conditions auxquelles la loyauté de l'Empereur de Russie donnait la portée d'un traité, la confirmation d'une promesse sur laquelle la France pouvait à cette heure se reposer.

Quarante-huit heures plus tard, notre ambassadeur, accompagnant, suivant l'usage, l'Empereur à la revue, y fut l'objet de sa part des attentions les plus courtoises et les plus cordiales

— Tout cela se calmera, je l'espère, lui répéta Alexandre. En tout cas, vous savez ce que je vous ai dit. Je ne l'oublie pas et je tiendrai. Et comme l'ambassadeur prenait congé de lui, l'Empereur ajouta en souriant : — Au revoir, je me souviendrai... Et j'espère qu'il n'y aura pas de surprise.

Le 11 mai, l'empereur de Russie et l'empereur d'Allemagne se rencontraient à Berlin. Le même jour le Tsar écrivait à une personne de sa famille : « L'emporté de Berlin a donné toutes les garanties pour le maintien de la paix, » et par un télégramme en clair, que la presse reproduisit, le prince Gortchakof annonçait à ses ambassadeurs à Paris et à Londres que la paix était assurée. C'est avec raison que le duc Decazes écrivant au général Le Flô, pour le remercier du grand service qu'il venait de rendre, lui disait que l'Empereur et le chancelier s'étaient créé des droits éclatants et incontestés à la reconnaissance de la France. « Ils ont été à Berlin ce qu'ils avaient promis d'être, » affirmait-il.

Et plus loin, il traçait en ces termes l'historique des circonstances en lesquelles s'était manifestée l'intervention de la Russie entraînant à sa suite celle de l'Angleterre :

Après avoir constaté la netteté et la loyauté de la
Russie dans ses procédés vis-à-vis de nous, il est impossible de ne pas être frappé de la prudence et du
soin avec lesquels elle a préparé à Londres et dans le
reste de l'Europe tout ce qui pouvait assurer le succès
de ses démarches à Berlin. Tous ces détails sont mar-
qués au coin d'une suprême habileté, et ils témoignent
en même temps de la volonté énergique de faire respecter la paix de l'Europe.

En somme, mon cher Général, pour la première fois
depuis six ans, l'Europe s'est réveillée. A la voix de la
Russie, elle s'est affirmée dans un accord commun, et
son affirmation a été décisive.

M. de Bismarck n'a pas essayé de discuter ; il s'est
contenté d'attribuer les mauvais desseins à M. de Moltke
et de les désavouer. Seront-ils abandonnés ? Je ne saurais le croire. Mais, rassurés sur le présent, nous pouvons, ce me semble, envisager l'avenir avec une cer-
taine confiance. L'empereur Alexandre fera respecter
son œuvre, et l'Europe a pris et conservera l'habitude
de le suivre.

Encore une observation ! Vous avez bien compris
que l'Allemagne voulait surtout faire discuter notre
état militaire et sa restauration. Elle désirait se faire
approuver et encourager dans la voie des représenta-
tions.

Il est évident que l'empereur Alexandre ne s'est
pas laissé aborder sur ce terrain. Vous remarquerez
avec quelle netteté il a affirmé notre droit de faire chez
nous, pour la restauration de nos forces militaires, tout

ce qui nous paraîtrait convenable à nos intérêts. Entre les mots, nous pouvions deviner les paroles du prince Gortchakof que vous avez si précieusement recueillies : « Soyez forts ! — Soyez forts ! »

Les considérations développées par le duc Decazes nous dispensent d'insister sur la grandeur des secours que venait d'apporter à la France l'empereur de Russie. La gratitude qu'un tel procédé devait éveiller dans les cœurs français fut exprimée par le maréchal de Mac-Mahon, président de la République, dans une lettre qu'il écrivit au Tsar et que le prince Orlof, qui allait rejoindre son souverain à Ems, se chargea de lui remettre.

Comme en 1873 et en 1874, mais en des circonstances bien autrement menaçantes, Alexandre II n'avait pas hésité à se placer entre la France et l'Allemagne, déterminant par son exemple l'Angleterre à l'imiter.

Il n'est pas téméraire d'en conclure que, dès ce moment, en dépit de son union avec la Prusse, il commençait à entrevoir la possibilité d'une politique nouvelle, celle qui a triomphé par la volonté ferme et persévérante de son successeur.

Depuis cette époque, M. de Bismarck, fidèle à ce système de dénégation, qu'il employait volontiers quand ses entreprises n'aboutissaient pas, a dit, répété, écrit et fait écrire qu'en 1875, il n'avait pas voulu la guerre et que c'est la Russie qui, pour conquérir les bonnes grâces de la France, avait alors imaginé un péril qui n'existait pas. Par malheur, ce plaidoyer se trouve démenti, non seulement par les détails qui précèdent, mais encore par ceux qui suivent. Le 12 mai, notre chargé d'affaires à Londres, M. Gavard, vit le comte Schouvalof, ambassadeur de Russie, qui arrivait de Berlin et qui venait de recevoir la dépêche rassurante du prince Gortchakof dont il est question plus haut. Lui-même s'était entretenu avec M. de Bismarck et lui avait dit :

— Si vous ne vous arrêtez pas, d'autres viendront après moi que vous serez forcé d'écouter.

Puis, l'empereur Alexandre avait parlé et la paix était assurée. L'était-elle pour longtemps? Le comte Schouvalof le croyait.

— Le danger, dit-il à M. Gavard, c'est l'idée fixe de Bismarck que la France se dispose à attaquer l'Allemagne, et, malheureusement, ce qui est plus grave, elle est partagée par de Moltke. Celui-ci croit que vous serez prêts en 1876 et que le moment sera d'autant plus favorable pour vous que vous aurez encore une classe de vieux soldats ayant fait la guerre; le chancelier croit que vous voudrez attendre 1877, mais ils sont d'accord pour penser qu'il faut vous prévenir. Ils prétendent que vous êtes les agresseurs d'après cette théorie, nouvelle dans leur bouche, que le véritable agresseur est non celui qui attaque, mais celui qui rend la guerre nécessaire, et ils se proposent, pour résultat d'une nouvelle campagne, une accablante indemnité avec une occupation prolongée... La garantie de la paix, c'est que la Russie ne veut pas de la guerre. Elle s'opposerait à une agression aussi bien d'un côté que de l'autre. Vous savez ce que l'Empereur avait dit au général Le Flô. J'étais chargé de le répéter à Berlin. J'ai vu le vieil empereur qui a paru d'abord fort étonné de nos inquiétudes. Il ne pensait vraiment pas que la guerre fût imminente, mais il était le seul aussi mal informé à Berlin. Il n'a donc pas été difficile de l'amener où nous voulions, après qu'il a été averti. Quant à Bismarck, il sait qu'il ne peut ni attaquer la Russie, à cause de vous, ni vous si la Russie s'y oppose. Je tiens donc la paix pour parfaitement assurée, malgré les alertes qui peuvent encore se produire, pour cette raison que la Russie ne veut pas la guerre et que ce n'est pas, de sa part, une disposition purement platonique.

Mais, si, le danger passé, le comte Schouvalof se montrait rassuré, il n'en était pas de même du ministre anglais, lord Derby, dont le langage avait été conforme, pendant la crise, à celui de la Russie.

Quand cette crise se fut apaisée, il devint de plus en plus expansif envers M. Gavard. Il lui dit, le 4 juin :

— Je crois réellement que notre intervention a contribué au maintien de la paix, et je crois aussi, quoi qu'on en dise ailleurs, que le dan-

ger était grand. Le vieil empereur ne veut
plus de guerre; mais nous avons vu qu'il
n'était pas au courant de ce qui se tramait autour de lui. Le prince de Bismarck la veut, et
il est pressé de la faire du vivant de l'empereur
Guillaume. Le prince impérial est un homme
juste, pas du tout belliqueux, mais il est poursuivi de l'idée qu'il faut mettre la dernière main
à l'unité allemande par la médiatisation des
États qui conservent encore une apparence
d'autonomie, et il croit qu'on ne peut arriver à
ce résultat que par une guerre étrangère. Pour
le présent, il s'agit de ne pas laisser circonvenir
l'esprit du vieil empereur. L'Angleterre a des
moyens de lui faire parvenir la vérité, et vous
savez qu'elle en a usé. Pour le prince impérial,
c'est plus difficile, puisque, malgré son antipa-
thie contre la guerre, il arrive aux mêmes conclusions que Bismarck. L'Angleterre s'est entendue dans cette dernière crise avec la Russie et
aussi avec l'Italie. Il est probable que nous con-
tinuerons à nous entendre avec la Russie, tant
qu'Alexandre vivra. Il aspire au rôle de pacifica-

teur de l'Europe, il ne rêve pas la conquête de Constantinople; il faut croire que sa sagesse l'emportera sur les aspirations du peuple russe et sur les perfides excitations du dehors, mais après lui?

Lord Derby confirma ensuite que l'Autriche n'avait rien fait. Était-ce par simple timidité, ou par secret espoir de s'entendre avec l'Allemagne?

D'autre part, M. Gavard recueillait de la bouche du duc de Cambridge les paroles que voici :

— Quelle semaine nous venons de passer! Il est convenu que c'est fini et que c'est la Russie qui a sauvé la paix de l'Europe; mais je crois que rien n'est fini et que tout recommencera au premier jour, et je ne compte pas plus sur la Russie que sur les belles paroles de son ambassadeur.

— Laissez-moi tout au moins compter sur l'Angleterre, répliqua M. Gavard qui n'était pas encore assez au courant des choses pour faire connaître au duc de Cambridge ce que la Russie avait fait.

— Que puis-je vous dire de l'Angleterre? s'écria le généralissime anglais. Les tories sont au pouvoir, le danger est flagrant; tout le monde le reconnaît et on nous refuse l'argent sans lequel nous n'avons pas d'armée.

Devant la concordance de tant d'indéniables témoignages est-il possible de prétendre que M. de Bismarck n'avait pas poussé à la guerre et n'est-il pas évident qu'il l'avait voulue avec opiniâtreté?

CHAPITRE IV

ANNÉES PERDUES

8

I

De 1875 à 1879, il ne se produit aucun fait qui puisse faire croire que les grands résultats réalisés, quatorze ans plus tard, seront jamais obtenus ni même qu'on les poursuit. Il faudrait être bien clairvoyant pour les prévoir. Après le grand service rendu en 1875 par la Russie à la France, rien n'apparaît qui soit de nature à consommer ni même à hâter un rapprochement. Alexandre II, bien qu'il ait étendu sa main sur notre pays pour le protéger contre « l'emporté de Berlin », bien qu'il ait ressenti déjà quelques froissements d'amour-propre de la part de l'Allemagne, n'en est pas encore à regretter d'être lié à elle. Il ne tente rien qui soit pour modifier l'idée qu'on se fait en Europe du désir persistant qu'il nourrit de vivre d'accord avec les Prussiens et de la confiance affectueuse que lui inspire son vieux parent l'empereur Guillaume.

A la fin de cette même année 1875, au banquet de Saint-Georges, il rend publiquement hommage aux empereurs ses alliés et à la Triple Alliance, telle qu'elle existe alors.

Il lève son verre et dit :

« Je suis heureux de pouvoir constater que l'alliance intime entre nos trois empires et nos

trois armées, fondée par nos augustes prédécesseurs pour la défense de la même cause, existe intacte à l'heure qu'il est. »

En un mot, il veut la paix en Europe; il ne
veut pas que la France soit diminuée. Mais,
c'est parce qu'il la croit nécessaire à l'équilibre
continental et non par défaut de sympathie
pour l'Allemagne. Et cependant, déjà, il a à se
plaindre de celle-ci, par suite de l'attitude de
M. de Bismarck qu'ont blessé les propos du
prince Gortchakof se laissant attribuer l'honneur d'avoir assuré la paix de l'Europe.

L'année suivante, à la conférence de Constantinople, le refroidissement qui s'est déjà manifesté s'accentue. La Russie, la France et l'Angleterre semblent un moment marcher d'accord.
M. de Bismarck s'en irrite. Il ne cache pas son
irritation au prince Gortchakof. C'est alors qu'il
conçoit le dessein de jeter la Russie dans les
embarras d'une guerre avec les Turcs.

S'il faut en croire M. de Chaudordy[1] qui repré-

1. *La France en 1889*, par le comte de Chaudordy.

sentait le gouvernement français à la conférence,
tant que les difficultés existantes semblent devoir
entraîner forcément la guerre entre la Russie et la Turquie, le plénipotentiaire allemand
s'abstient de se mêler aux débats et approuve
les décisions prises. Mais, le jour où se produit
une pensée de pacification, il sort de son silence
pour exciter les parties adverses « et la guerre
devint inévitable ». Toutefois, ces traits d'un
mauvais vouloir évident ne détachent pas le
Tsar de la marche générale qui lui est commune
avec l'Allemagne.

Il reste en cet état d'esprit jusqu'en 1879, en
dépit même de ce Congrès de Berlin que M. de
Bismarck a jeté dans ses jambes après le traité
de San Stefano, à l'effet de diminuer ses conquêtes sur les Turcs et sans doute aussi pour le
récompenser de n'être pas intervenu, en 1871,
pour diminuer le prix des victoires que les
armées allemandes avaient remportées sur les
Français. S'il est froissé, il n'en laisse rien
paraître, soit qu'il n'entre pas dans ses vues de
protester, soit qu'il n'ait pas encore compris le

double jeu qu'a joué Bismarck en lui laissant
le champ libre au moment où il préparait la
guerre de Bulgarie et en insinuant ensuite à
l'Europe de le lui disputer.

D'ailleurs, rien de ce qui se passe en France,
dans cette même période, n'est fait pour le rapprocher de nous. La chute du duc Decazes, en
1877, entraîne un changement absolu dans
l'orientation de la politique française. Le duc
Decazes était pour l'alliance russe. M. Waddington qui lui succède est pour l'alliance
anglaise. Il le précisera en 1880, en déclarant
« qu'il a toujours été opposé à un traité entre
la France et la Russie ». C'est dans cet esprit
qu'il a pris la direction des affaires extérieures
de la France, dans cet esprit qu'il se rend au
Congrès de Berlin, dans cet esprit aussi qu'au
moment de la démission du maréchal, il accepte
celle du marquis d'Harcourt ambassadeur à
Londres et du marquis de Vogüé ambassadeur
à Vienne; celle même du général Le Flô. Il rem-
place, il est vrai, ce dernier par le général
Chanzy. Mais il n'en a pas moins manifesté,

par ces divers traits, son peu de goût pour tout ce qui tendrait à créer, entre Saint-Pétersbourg et Paris, une communauté d'intérêts.

C'est surtout au Congrès de Berlin, que s'affirme cette tendance dont il serait impossible de saisir la signification si l'on ne rappelait brièvement les origines de ce Congrès et l'attitude prise par la France, en 1875, au moment où l'insurrection de l'Herzégovine contre les Turcs a rouvert tout à coup la question d'Orient.

A ce moment, la politique continentale si profondément troublée par la guerre franco-allemande est dominée par l'alliance des trois cours du Nord, et plus particulièrement caractérisée par l'impuissance de la France à reprendre sa place dans le concert européen. Devant le progrès rapide de l'insurrection, le cabinet russe s'alarme. Il redoute que cette insurrection qu'il n'a ni voulue, ni fomentée, ni même encouragée, se propage, et mette en feu les Balkans. Il essaie de s'entendre avec Vienne et Berlin pour une action toute morale, qui serait exercée par l'Autriche, cette puissance étant plus intéressée que les autres, par sa situation géographique, au rétablissement de l'ordre.

La Turquie, de son côté, demande au gouvernement austro-hongrois de prendre des mesures pour arrêter sur ses frontières le concours que la Dalmatie prête aux insurgés. Elle exprime aussi le vœu que les puissances interviennent en Serbie et au Monténégro afin d'empêcher que ces pays prennent les armes.

La France n'étant encore invitée à aucune intervention, reste sur la réserve, résolue à attendre pour agir plus activement qu'il soit fait appel à ses bons offices. Le duc Decazes s'est contenté de donner l'ordre à nos consuls résidant sur les lieux de se prêter à tout ce qui leur semblera susceptible de hâter l'apaisement des contrées soulevées.

Mais bientôt, il est officiellement sollicité.

A Saint-Pétersbourg, notre ambassadeur est averti par M. de Jomini de l'entente des trois cours du Nord, dans un but de conciliation.

— Il serait très désirable, ajoute le ministre

russe, que le gouvernement français s'associât à ces démarches.

Et sans attendre les décisions de ce dernier, il le fait prier, par le gouvernement autrichien, de s'unir aux puissances pour fortifier leur action. Le comte Andrassy mande aussitôt le marquis de Vogüé ambassadeur français à Vienne, lui confie le pressant appel qu'à l'instigation de la Russie, il adresse au cabinet de Paris. Comme M. de Vogüé ne répond qu'avec timidité, en se retranchant derrière le sentiment de réserve, qui convient à la France, le comte Andrassy s'écrie :

— Ne soyez pas si modestes; quand on s'est aussi rapidement que vous, relevés d'épreuves aussi sérieuses; quand on se montre, comme votre pays et votre gouvernement, aussi prudents, aussi actifs au travail, on a le droit d'être écoutés.

Enfin, une sollicitation analogue nous vient de Berlin, et après que le duc Decazes a eu répondu à ces démarches en acceptant de s'unir aux efforts tentés en vue de la paix et en déclarant qu'il « n'exclut, dans ses prévisions, que l'intervention armée » nous nous trouvons mêlés sans l'avoir voulu aux incidents qui amènent la conférence de Constantinople.

Les instructions données par le duc Decazes au comte de Chaudordy qui doit y représenter la France, à titre d'ambassadeur extraordinaire, se résument en une pressante invitation de se prêter énergiquement à toutes les mesures pouvant produire une solution pacifique.

La conférence échoue. La Turquie a promis les réformes qui lui sont demandées dans les pays insurgés. Mais elle refuse, — et il semble bien que ce soit sur les conseils de l'Allemagne, — de fournir les garanties d'exécution dont l'Europe veut entourer ces réformes. Dès lors, la guerre devient inévitable. Du moins, telle est restée, durant les négociations, l'attitude du plénipotentiaire français, que la France résolue à une neutralité rigoureuse n'a froissé aucune des parties intéressées.

Lorsqu'après la guerre de Bulgarie, l'Europe se jette en avant pour contenir les exigences

des Russes victorieux et reviser le traité de San-
Stefano, nous sommes donc dans une situation
exceptionnellement bonne. Appelés à prendre
part au congrès de Berlin, nous y allons les
mains libres. Mais, entre temps, le duc Decazes
a cessé d'être ministre, le comte de Chaudordy
est démissionnaire. M. Waddington, qui a tenu
à se rendre lui-même au congrès, est animé
d'un esprit différent de celui de ses prédécesseurs.

Il se préoccupe beaucoup plus de plaire à l'Allemagne que de plaire à la Russie ou même que
d'observer l'absolue neutralité; de telle sorte que
lorsque l'empereur Alexandre doit se résigner aux
combinaisons si cruelles à son amour-propre,
par lesquelles est déchiré, en ce qui concerne la
Bulgarie, le traité de San Stefano, il ne peut pas
ne pas comprendre la France parmi ceux qui
l'ont réduit à cette extrémité et lui font perdre
d'un trait de plume l'avantage le plus clair de
ses victoires. Peut-être alors, regrette-il de n'a-
voir pas voulu prendre en 1871, au profit de la
France et contre l'Allemagne, l'attitude que

l'Europe vient de prendre contre lui, au profit de la Turquie.

Quant au gouvernement français, s'il a perdu l'occasion de se créer un titre à la reconnaissance de la Russie, il se considère comme dédommagé par la permission que lui a donné M. de Bismarck de s'emparer de Tunis.

Avantage discutable cependant. Les hommes d'État français, en cette circonstance, manquent de clairvoyance et de perspicacité. Ils ne comprennent pas que le chancelier allemand s'est plu à créer, avec cette question de Tunis, un germe de discussions futures entre l'Italie et la France. Plus tard, sous le ministère Ferry, ils montreront le même aveuglement, et le chancelier jouera même jeu, en les poussant aux entreprises coloniales dans l'espoir de nous affaiblir ainsi sur le continent.

Quoi qu'il en soit, la politique de M. Waddington nous laisse en face de la Russie, après le congrès de Berlin, dans une situation moins bonne que la politique du duc Decazes après la conférence de Constantinople, et rien alors ne saurait présager l'alliance franco-russe. Le maréchal de Mac-Mahon a quitté le pouvoir. Bien qu'il ait considéré comme un devoir patriotique, en le remettant à son successeur, de faire entendre, au point de vue de notre politique étrangère, les plus sages conseils, M. Grévy est trop indifférent aux questions extérieures, trop ignorant de leurs origines, trop peu enclin à les conduire, trop peu disposé à en tirer parti au profit de l'influence française en Europe, pour concevoir un but tel que le commandent nos intérêts.

Celui qu'il se propose, pendant la durée de son gouvernement, peut se résumer en quelques mots : Ne rien faire ; ne se mêler de rien ; se faire oublier. Ce n'est pas la force d'un raisonnement qui le conduit à ces conclusions pessimistes ; son scepticisme, seul, guide toute sa conduite. Ce n'est point avec de tels principes qu'il pourra créer des alliances à notre pays ; mais des alliances, il n'en veut pas, ou plutôt il n'y croit pas. Quand il a des ministres moins incrédules que lui, le seul effort qu'il fait con-

siste justement à les contenir, à les décou-
rager. Cet état d'esprit se manifestera surtout
à l'époque où M. Flourens occupera le ministère
des Affaires étrangères, — époque décisive pour
l'alliance franco-russe. Il n'est pas téméraire
d'affirmer que ce qui sera fait alors le sera
malgré M. Grévy.

D'autre part, la politique intérieure de la
France, sous sa présidence, n'est pas pour nous
concilier les sympathies des États monarchiques,
déjà mis en défiance par la chute du Maréchal
et l'arrivée des républicains au pouvoir. Pour
les gouvernements de droit divin, à cette
heure, la France est le terrain marqué d'avance
pour les expériences révolutionnaires. Dans ses
hommes d'État, dans les principes qu'ils appliquent, dans les procédés à l'aide desquels ils
gouvernent, l'Europe voit la main de la Révolution. La France lui apparaît comme le tremplin
futur des fauteurs de désordre. Sans insister
sur ce point délicat, on peut faire remonter à
cette époque une accentuation sensible dans
l'état d'isolement où se trouve alors la France.

Cet isolement, tous les cœurs patriotes ne s'y résignent pas. En dehors de l'action gouvernementale, des actions personnelles s'exercent déjà pour réagir contre le péril que nous a créé la politique suivie au congrès de Berlin et qu'aggrave celle qui domine à l'intérieur. Par Madame Adam, qui a consacré sa vie à l'alliance franco-russe et de laquelle on peut dire qu'elle en a été un des précurseurs, des relations commencent à s'établir de peuple à peuple. Tandis qu'elle entreprend de prêcher la bonne cause et d'y convertir Gambetta, on voit s'ouvrir la voie qu'élargiront plus tard, du côté de la France. M. Paul Déroulède par ses audacieuses initiatives ; le général Boulanger, malgré ses imprudences et ses folies ; M. de Vogüé par ses belles études sur la littérature russe que nul plus que lui n'a contribué à rendre familière à notre pays, et du côté de la Russie, par Katkof, le directeur de la *Gazette de Moscou*, quand, après avoir compris que son pays était dupe de l'Allemagne, il devient le défenseur de l'alliance française ; par les généraux Ignatief, Skobelef, Obrutschef, par d'autres encore.

Le général Ignatief, qui deviendra un jour ministre de l'Intérieur, est le partisan résolu de a France, depuis qu'il l'a vue à l'œuvre à la conférence de Constantinople. Le général Skobelef, le victorieux de la campagne de Bulgarie, se montre parmi nous non moins décidé. Il fait entendre un langage significatif que confirmera celui du général Obrutschef venu à Paris pour assister à des grandes manœuvres.

On raconte même que ce dernier a fait des ouvertures formelles en vue de l'alliance. On accuse M. Waddington, qui les a écoutées, de les avoir communiquées à M. de Bismarck. L'accusation nettement formulée par le baron de Varnbülher, ancien ministre du royaume de Wurtemberg, provoque un démenti formel de M. Waddington. Il déclare qu'aucune propotion ni directe, ni indirecte, ne lui a été faite, qu'il n'a vu aucun officier russe et qu'en conséquence, il n'a pu faire de confidences à M. de Bismarck. La vérité nous oblige à constater que cette protestation rencontre beaucoup d'in-

crédules et qu'elle est infirmée par les remerciements que le prince de Hohenlohe a été chargé
de porter ultérieurement à M. Waddington.

Peu importe d'ailleurs. Ce qui est visible,
c'est qu'à la faveur de ces incidents, un travail
s'opère, lentement mais sûrement, dans l'âme
des peuples, dans les masses profondes des
deux nations, les dispose au grand événement
qui doit s'accomplir un jour.

Il y a eu, durant ces années, où rien de carac-
téristique n'est encore à signaler, bien des espérances conçues, bien des efforts tentés, bien
des entreprises abordées. Les historiens qui
viendront après nous les mettront en lumière.
L'historien du jour, empêché par des discré-
tions respectables et des silences voulus, de
concilier ce que ces faits isolés présentent parfois d'obscur et de contradictoire, ne peut que
es signaler en passant.

II

Jusqu'en 1879, la Russie reste unie à l'Allemagne. Aucun changement n'apparaît dans les relations des deux cours. On ne saurait douter, cependant, qu'Alexandre II a emporté du congrès de Berlin un amer ressentiment. Mais il le garde encore en son cœur. Si parfois, il le trahit, ce n'est que par accident, en paroles brèves et, seulement, avec quelques-uns des hommes qu'il honore de sa confiance.

De ce qu'il leur dit, rien ne transpire, si ce n'est peut-être en quelques paroles qu'il adresse à l'ambassadeur de la République, lequel en rend compte à son gouvernement, ou à travers divers articles de la *Gazette de Moscou*, où se manifestent avec plus de suite qu'autrefois des appréciations plus favorables à la France, par lesquelles sont frappés ceux qui savent quelles relations existent entre l'Empereur et Katkof.

Quant à la politique officielle, celle des ministres, elle conserve son même caractère. Les dépêches du général Chanzy ne signalent aucun symptôme de tendances nouvelles. C'est toujours la même bienveillance pour le peuple français, le même désir de voir la France redevenir forte, la même défiance pour les principes que cherche à faire prévaloir à l'intérieur son gouvernement, mais rien de plus.

Il est vrai d'ajouter qu'en ce moment, le Tsar est sous l'impression des premiers attentats nihilistes. Ceux-ci ont engagé contre lui une guerre à outrance et commencé la longue série de leurs criminelles tentatives. Le 5 février 1878, c'est contre le général Trépof, préfet de Saint-Pétersbourg, qu'elles sont dirigées; le 15 août, contre le général Mezenzof, chef de la gendarmerie; le 21 février 1879, contre le prince Krapotkine, gouverneur de Karkof, qui meurt de ses blessures; le 25 mars, contre le général Drentelin. Le 14 avril de cette même année, l'Empereur est à son tour l'objet d'un essai d'assassinat, lequel prélude à plusieurs autres et au sombre drame de 1881, où le malheureux prince trouvera la mort. Entre temps, le 4 mars 1880, le comte Loris Melikof n'échappe que par miracle à ces infatigables assassins.

En 1879, l'esprit du Tsar est déjà frappé par tant de forfaits successifs. Peut-être, ne juge-t-il pas que l'heure est venue de se séparer de l'Allemagne, cette vieille terre monarchique et féodale, qui a le même intérêt que lui à organiser la résistance contre les ennemis des trônes. D'autre part, c'est le moment où il prépare une expédition vers les Indes. On doit croire qu'à la veille de menacer la puissance anglaise en Asie, il ne veut rien changer dans sa politique continentale, même après les humiliations du congrès de Berlin. C'est ainsi qu'il apparaît jusque vers le milieu de 1879.

Soudain, éclate un événement dont les détails, peu connus d'abord, ne tardent pas à se répandre et révèlent quel changement s'est opéré dans son esprit sans qu'on puisse dire si c'est à l'improviste ou à la suite de longues réflexions.

Une commission internationale siège alors à
Novi-Bazar, à l'effet de délimiter les frontières
turques sur les points où, après la guerre de
Bulgarie et le congrès de Berlin, il est devenu
nécessaire de les rectifier. Dans cette commission, des dissentiments se produisent souvent
entre les commissaires russes et les commissaires turcs. Le Tsar a été averti que, presque
toujours, ceux-ci sont appuyés en leurs prétentions par les commissaires allemands. Il commence par s'en étonner. Puis, à la surprise
succède l'impatience, et finalement, un jour, il
écrit à l'empereur Guillaume pour l'inviter à
donner l'ordre à ses représentants de se prononcer toujours dans le même sens que les
Russes.

La demande, formulée nerveusement, froisse
M. de Bismarck à qui son maître la communique à Gastein où le chancelier fait une cure.
Le traitement qu'il subit et un excès de travail
l'ont surexcité. Néanmoins, il conseille d'abord
à l'empereur d'Allemagne de ne pas prendre
au sérieux les réclamations d'un homme « in-

conscient et malade ». Il donne le même conseil à l'empereur d'Autriche et, sur ses avis, il est répondu au Tsar qu'on ne peut accéder à son désir.

S'il faut en croire M. Hans Blum, le plus récent historien du gouvernement de M. de Bismarck, au refus qui lui est opposé, le Tsar réplique par une dépêche menaçante. Le mot n'est pas trop vif, puisqu'elle subordonne le maintien de la paix entre la Russie et l'Allemagne à l'acceptation par l'empereur Guillaume de la demande que lui a faite l'empereur Alexandre. Cet ultimatum est considéré par M. de Bismarck comme une provocation.

— Si ces mots se trouvaient dans une pièce russe officielle, dit-il à son maître, il ne me resterait qu'une chose à faire, ce serait de conseiller à Votre Majesté de mobiliser les forces armées allemandes contre la Russie. Je prie par conséquent Votre Majesté d'engager le Tsar à traiter la suite de cette affaire par la voie officielle.

L'empereur Guillaume cède. Mais, il est bouleversé à l'idée de combattre contre le neveu qu'il chérit. Il lui écrit pour lui proposer un entretien, charge le général de Manteuffel de lui porter sa lettre à Alexandrovo, en Pologne ; puis, malgré M. de Bismarck qui voudrait au moins que l'entrevue n'eût pas lieu en territoire russe, il se met en route.

On n'a jamais su ce que se sont dit les deux empereurs. Mais, il résulte des événements ultérieurs que la conversation ne modifie pas les dispositions du Tsar. Bismarck le prévoyait. Aussi, sans attendre le retour du vieux Guillaume, prend-il des mesures préventives. Hanté déjà par le spectre de l'alliance franco-russe que ces incidents semblent préparer, il appelle à Gastein le comte Andrassy, chef du gouvernement austro-hongrois. Ils entament là des pourparlers qui se continuent à Vienne où il va lui-même, en vue d'un traité qui substituera à la Triple-Alliance une alliance austro-allemande pour l'opposer à l'alliance franco-russe. Ce traité, publié seulement le 3 février 1888, porte la date du 7 octobre 1879. L'empereur

Guillaume semble avoir résisté longtemps avant de se résoudre à le signer. Mais, à la prière de M. de Bismarck, il le signe. C'est de ce jour que date réellement la rupture de la Triple-Alliance en sa forme première.

Que cette rupture se soit effectuée contre la France autant que contre la Russie, les événements que je viens de résumer ne permettent guère d'en douter. Il faut cependant mentionner que, toujours fidèle à son système de politique à double face, M. de Bismarck, pendant son séjour à Vienne, se rend chez notre ambassadeur, M. Teisserenc de Bord, pour lui porter l'assurance que notre pays ne doit s'alarmer ni de son voyage, ni de ses négociations avec le gouvernement autrichien.

En ces circonstances, la Russie déçue du côté de l'Allemagne va-t-elle se rapprocher de nous? Personne ne saurait le prétendre, car, à supposer que les dispositions de l'empereur Alexandre nous soient favorables, il est empêché de les manifester par suite d'un grave incident diplomatique, qui éclate tout à coup entre les deux gouvernements et dont il faut maintenant rappeler les origines.

Le 1$_{er}$ décembre 1879, l'Empereur arrivait à Moscou venant de Livadia. Il était entré dans la ville depuis quelques instants, quand sur la ligne qu'il venait de parcourir, aux abords de la gare, et au passage d'un train qui suivait de près le train impérial, se produisait une explosion formidable. Un wagon de bagages volait en éclats; sept autres déraillèrent. Que l'explosion eût eu lieu quelques instants plus tôt et c'en était fait de l'Empereur et de sa famille. Évidemment, on se trouvait en présence d'un nouvel attentat des nihilistes.

Les premiers soupçons furent confirmés par l'enquête à laquelle il fut aussitôt procédé. Une mine avait été creusée le long de la voie ferrée. Elle devait éclater sous le train qui amenait à Moscou la famille impériale. Si cette abominable tentative avait avorté, c'est que les auteurs croyaient l'Empereur dans le second train et non dans le premier.

Il fut également établi que le principal

d'entre eux était un sujet russe du nom de Hartmann. On se mettait aussitôt à sa poursuite. Mais il parvenait à déjouer les efforts de la police. Bientôt, des rapports secrets apprenaient qu'il s'était dirigé sur Paris.

La nouvelle de cet événement provoqua par toute l'Europe une émotion considérable. De toutes parts, furent envoyés à Moscou des télégrammes et des lettres de félicitations pour l'Empereur à qui le général Chanzy fut chargé d'exprimer les sentiments du gouvernement français.

Celui-ci, cependant, allait avoir à résoudre une question délicate. Hartmann s'étant réfugié en France, M. de Freycinet s'attendait à recevoir du cabinet de Saint-Pétersbourg une demande d'extradition. Or, si dans les traités conclus avec divers pays : l'Autriche, la Belgique, la Suède, la Bavière et les Pays-Bas, pour régler les questions d'extradition, l'assassinat politique se trouve assimilé aux crimes de droit commun, rien de pareil n'avait été stipulé entre la Russie et la France que le grand nombre de

Polonais établis sur son territoire eût, d'ailleurs,
empêchée de se prêter à pareil arrangement. Si
l'extradition d'Hartmann était demandée, nous
étions donc en droit de la refuser, encore qu'en
d'autres circonstances, nous n'eussions jamais
fait difficulté de livrer des assassins au gouvernement russe. Mais, la refuser, n'était-ce pas
nous aliéner les sympathies de ce dernier?

D'autre part, comment l'accorder, alors que
dans le parti radical dont en ce moment M. de
Freycinet cherchait à assurer l'appui au ministère qu'il présidait, le crime d'Hartmann trouvait des approbateurs et qu'un mouvement
d'opinion se créait en sa faveur, à l'instigation
de ce parti?

Dans cette embarrassante alternative, M. de
Freycinet ne devait pas souhaiter que les ordres
donnés par lui en vue de l'arrestation d'Hartmann, avant même que l'ambassadeur de Russie
eût présenté à cet effet une demande officielle,
fussent exécutés. Mais, la police française s'é-
tait mise en campagne; plus heureuse que la police russe, elle arrêtait Hartmann aux Champs-

Élysées, dans la journée du 15 février 1880.
Puis, tandis que le gouvernement se demandait
ce qu'il allait en faire, le prince Orlof, ambassadeur de Russie, apportait au ministre des
Affaires étrangères une requête d'extradition
contre Hartmann, non comme accusé d'un
attentat contre la vie de l'Empereur, mais
« comme inculpé d'avoir, en novembre 1879,
commis le crime consistant dans la détériora-
tion, au moyen d'explosion, de la voie du chemin de fer de Moscou-Koursk, avec l'intention
suivie d'effets de mettre en pièces un train de
voyageurs », crime prévu par le code pénal
russe de la peine des travaux forcés dans les
mines, à temps ou à perpétuité.

L'ambassadeur de Russie, il faut le reconnaître, ne se faisait pas d'illusion sur l'issue
de sa démarche. Quelque fût l'ingénieux prétexte allégué pour la justifier en l'absence
d'un traité d'extradition, personne ne pouvait
se tromper à son véritable caractère. C'était
bien un accusé politique qu'on nous réclamait.
La demande n'avait donc aucune chance d'être

accueillie. Mais M. de Freycinet eut le tort de ne pas le dire à son interlocuteur dès le début.

C'était déjà grave que le gouvernement français eût procédé à l'arrestation d'Hartmann avant d'en être requis. Il avait créé lui-même la très fausse situation dans laquelle il se trouvait placé. S'il ne voulait pas livrer Hartmann, pourquoi l'avait-il arrêté?

Ce fut plus grave encore de tenir au prince Orlof et de faire tenir à Saint-Pétersbourg, par le général Chanzy, un langage qui, rapproché de cette arrestation précipitée, devait faire croire qu'allant plus loin qu'on n'osait l'espérer en Russie, le cabinet prononcerait l'extradition.

Lorsque quelques jours après, elle fut refusée et Hartmann embarqué pour l'Angleterre, au moment où le gouvernement impérial s'y attendait le moins et avant même qu'il eût été mis à même de fournir toutes les preuves de l'identité de l'inculpé, on eut beau se retrancher, pour justifier le refus, derrière l'insuffisance de ces preuves, la cour de Russie et son ambassadeur n'en furent pas moins froissés de ce qu'ils considéraient comme un manque de bons procédés. Il est certain qu'en toute cette affaire, le gouvernement français avait entassé maladresses sur maladresses et qu'ayant le droit pour lui, il avait, par ses imprudences, mis les torts de son côté.

Quoi qu'il en soit, en apprenant la mise en liberté d'Hartmann, le prince Orlof fit partir pour Saint-Pétersbourg un attaché de son ambassade avec toutes les pièces relatives à l'incident. C'était le 10 mars. Le messager arrivait à Saint-Pétersbourg quatre jours après dans la soirée. Suivant les ordres qu'il avait reçus, il se rendait de la gare chez le prince Gortchakof. Quelques instants après, ce dernier mettait les pièces sous les yeux de l'Empereur et, par son ordre, expédiait au prince Orlof un télégramme ainsi conçu : « L'Empereur vous appelle immédiatement à Saint-Pétersbourg et vous donne l'ordre d'accréditer le comte Kapnist comme chargé d'affaires ».

Cette dépêche, transmise en clair, fut connue de M. de Freycinet à qui la direction générale des télégraphes l'avait communiquée vers minuit, au moment où elle arrivait chez le prince Orlof. Ce dernier quittait Paris deux jours plus tard sans faire aucune visite officielle et après avoir accrédité son remplaçant par une simple lettre à M. de Freycinet. Telles étaient donc les conséquences de la faute commise par le gouvernement français, durant cette délicate négociation.

Par bonheur, il ne commit pas celle de rappeler le général Chanzy. Il feignit de croire que le prince Orlof n'allait à Saint-Pétersbourg que pour fournir des explications verbales et qu'il reviendrait ensuite à son poste. Ce diplomate aimait la France. Dans les rapports qu'il fit à l'Empereur et au prince Gortchakof, il s'attacha à ne rien dire qui pût aggraver une situation déjà si tendue. Grâce à lui, elle ne s'envenima pas, et peu de temps après, il était autorisé à reprendre possession de son ambassade. Le conflit s'apaisa, du moins dans ses effets immédiats. Mais le souvenir fut long à s'en effacer dans la mémoire de l'Empereur. A Paris, et jusqu'au moment de sa mort, on ne tenta rien pour le lui faire oublier.

Le tragique événement qui lui coûta la vie eut lieu le 13 mars 1881. A cette époque, nous étions, depuis six mois, en plein ministère Jules Ferry. M. Barthélemy Saint-Hilaire siégeait au quai d'Orsay. Sous l'action personnelle du président du conseil, des tendances duquel le ministre des Affaires étrangères s'était fait le très docile instrument, la politique française inclinait visiblement à créer entre la France et l'Allemagne une étroite intimité dont elle espérait trouver le prix dans l'évacuation de l'Égypte par les Anglais et dans les entreprises coloniales auxquelles nous incitait M. de Bismarck. Nous semblions alors plus loin que jamais de l'alliance franco-russe.

III

Alexandre III qui succédait à son père, le 13 mars 1881, à trente-six ans, devait de régner

à la mort prématurée de son frère aîné. On raconte à Saint-Pétersbourg qu'au moment d'ex-
pirer, celui-ci prit la main de ce cadet auquel
son décès allait donner le trône et la mettant
dans celle de leur père qui se tenait à son chevet,
il dit :

— Aimez-le, mon père ; c'est une âme de
cristal.

Jamais expression plus saisissante ne carac-
térisa mieux une attrayante et belle nature, un
cœur généreux et loyal, une volonté ferme et persévérante. Le nouvel empereur avait épousé la
fiancée du mort, cette noble princesse Dagmar,
fille du roi de Danemark, élevée dans la haine
de l'Allemagne et dans des sentiments cordiaux
pour la France. Lui-même, de tout temps, avait
professé, comme son frère, des sentiments analogues pour notre pays. Son mariage ne pouvait que les fortifier.

Au temps où il n'était encore que tsarewitch,
il n'en faisait pas mystère. Mais, trop respectueux
de l'autorité paternelle pour tenter de les opposer à ceux de son père ou de les lui faire par-

tager, il avait toujours évité de leur donner
une forme active. C'est à peine s'il se permettait d'exprimer, parfois et avec quelque vivacité,
l'impatience qu'il éprouvait en constatant les
effets en Russie de l'influence allemande. « Le
nom de Kozlof, dit un historien étranger, eut
un moment de célébrité en Russie. En l'enten-
dant prononcer à la suite d'une longue énumé-
ration de noms tudesques, lors d'une présen-
tation des officiers d'un grand corps d'armée,
le tsarewitch s'était écrié : — Enfin. »

Quelque inoffensives que fussent des manifestations de ce genre, c'étaient les seules qu'il
se permît en tant que prince héritier. S'il se
laissait aller à d'autres plus significatives, ce
n'était qu'à la cour de son beau-père, durant
les longues semaines de vacances, dans l'intimité des expansions familiales, ou encore dans le
cercle étroit de quelques amis personnels, qu'il
savait pénétrés des mêmes idées que lui.

Monté sur le trône, et soit qu'avant d'orien-
ter sa politique extérieure, il voulut se recueillir,
soit que les intérêts intérieurs de son empire

eussent d'abord absorbé son attention, il ne se
montra pas moins réservé que par le passé ni
pressé d'imprimer une direction nouvelle aux
rapports internationaux de la cour de Russie.
Les changements de personnes qu'il opéra dans
son gouvernement ne purent être considérés
comme des symptômes de ses tendances au
point de vue extérieur.

Le prince Gortchakof prit sa retraite. Mais elle
était commandée par son âge et ses démêlés avec
M. de Bismarck, qui rendaient difficile le règle-
ment des affaires communes à la Russie et à
l'Allemagne. M. de Giers, qui le remplaça aux
Affaires étrangères, n'y devait être et n'y fut
jamais que l'exécuteur rigoureusement fidèle
de la volonté impériale. Le général Ignatief,
appelé en même temps au ministère de l'Intérieur, fut désigné pour ce poste par ses opinions
autocratiques et non par ses sympathies pour
la France. Enfin, Alexandre lui-même, après
s'être rencontré à Dantzig avec le souverain
allemand, écrivait à François-Joseph : « J'ai
été très heureux de revoir l'empereur Guil-

laume, notre vénérable ami auquel nous unissent des liens communs de cordiale affection. »
Cette entrevue et ce langage semblent indiquer qu'il ne voulait pas rompre avec l'Allemagne. Cependant, en 1882, Skobelef arrivera à Paris; il y tiendra des propos hostiles à la politique allemande; il les accentuera en passant à Varsovie et ne sera pas désavoué. Mais, en même temps, un rapprochement s'opérera entre Saint-Pétersbourg et Berlin. Évidemment, l'heure n'était pas venue des grandes modifications dans les relations de puissance à puissance, qui devaient transformer la physionomie politique du continent.

En novembre 1881, un événement considérable s'accomplissait dans notre pays. Le cabinet Ferry ayant été renversé, Gambetta arrivait au pouvoir et formait ce prétendu grand ministère qui fut brisé par la Chambre, après quelques semaines d'existence, avec autant de désinvolture et de sans façon que si c'eût été le plus insignifiant de tous ceux par lesquels avait été gouvernée et devait être gouvernée la France.

A ce moment, comme on l'a vu, elle était représentée à Saint-Pétersbourg par le général Chanzy. L'illustre soldat aimait peu Gambetta. En prévision de son avènement au pouvoir, il s'était laissé arracher par le comte de Saint-Vallier, alors ambassadeur à Berlin et résolu à ne pas servir sous les ordres du chef de la gauche, la promesse de démissionner en même temps que lui. M. de Saint-Vallier ayant donné sa démission, il l'imita. Gambetta ne lui en garda point rancune et le nomma au commandement de notre corps d'armée de l'Est, à Nancy.

Mais, il fallait pourvoir à l'ambassade de Saint-Pétersbourg, devenue vacante. Le nouveau chef du ministère se souvint alors du comte de Chaudordy, des services qu'il avait rendus pendant la guerre et il lui écrivit : « J'ai besoin de vous parler. Venez chez moi, à moins que vous ne préfériez que j'aille chez vous. »

M. de Chaudordy se rendit à cet appel et fut reçu à bras ouverts. L'entretien roula d'abord sur les souvenirs du passé : Tours, Bordeaux, les

patriotiques angoisses de ces heures douloureu-
ses. Puis, comme M. de Chaudordy ne comprenant pas pourquoi on l'avait mandé se préparait
à prendre congé, Gambetta lui dit :

— Je ne vous ai pas fait venir pour causer aca-
démiquement, mais pour vous apprendre que
je vous envoie à Saint-Pétersbourg comme ambassadeur.

— J'ai été renvoyé des affaires en même
temps que mes amis politiques, répliqua vivement M. de Chaudordy, je n'y veux rentrer
qu'avec eux.

Gambetta se récria. Il énuméra les services
qu'il attendait de l'ambassadeur de France auprès
du Tsar. Ses idées sur la Russie s'étaient bien
modifiées. Jadis, il tenait pour l'Angleterre et
voulait marcher avec elle, la main dans la main.
Toute sa politique s'inspirait alors de la nécessité de rester étroitement uni à elle, jusqu'au
jour où l'Europe s'étant convaincue de notre
sagesse, nous pourrions aller vers la Russie, en
entraînant l'Angleterre avec nous.

—Appuyés sur Londres et sur Saint-Péters-

bourg, observait-il, nous serons invincibles.
Mais, l'heure n'est point venue de cette triple
union. En ce moment, contentons-nous de bien
vivre avec les Anglais. L'alliance de la Russie
est un capital en réserve.

Maintenant il croyait à la possibilité de faire
œuvre utile de ce côté. Un mouvement se dessi-
nait dans ce pays en notre faveur. Il fallait en
profiter et, pour en tirer parti, entrer en relations avec ceux qui le dirigeaient. C'est pour
l'accomplissement de cette tâche qu'il faisait
appel à M. de Chaudordy.

— Mais, vous avez dans votre personnel diplomatique des hommes capables de la remplir,
répondit ce dernier.

— C'est vous que je veux, répliqua Gambetta.
On a reproché aux républicains d'écarter sys-
tématiquement les diplomates de carrière. Je
ne veux prendre, moi, que de ceux-là. J'ai rappelé de Londres Challemel-Lacour et il n'aura
pas d'autre poste. En revanche, j'emploierai les
hommes de l'ancien personnel, qui me seront
désignés comme des hommes de valeur. Mais

je ne peux rien si je ne suis secondé et si vous-
même ne leur donnez l'exemple.

Il dit encore qu'il avait entretenu le prince
Orlof de la candidature de M. de Chaudordy,
que l'ambassadeur russe en avait écrit à son
gouvernement et que ce dernier l'accueillait avec
une vive satisfaction.

Quoique flatté par ces instances, M. de Chaudordy résistait encore. Il observa que la politique intérieure de la France, les influences révolutionnaires qui la dominaient rendaient la situation de l'ambassadeur de la République en
Russie trop difficile et trop délicate pour qu'il
fût tenté de l'affronter. Il rappela l'affaire Hartmann, l'embarras qu'elle avait causé au général Chanzy. Il ne voulait pas s'exposer à pa-
reille aventure.

— Écoutez-moi, s'écria Gambetta, en étendant
la main, je jure de vous écrire avant votre départ
une lettre par laquelle je m'engagerai à vous
accorder aveuglément tout ce que vous me de-
manderez.

Devant une telle déclaration, le refus n'était

plus permis. M. de Chaudordy céda à la grande joie de Gambetta et du prince Orlof.

— Nous avons eu l'agrément de l'Empereur avant d'avoir le sien, remarqua ce dernier, en apprenant la nouvelle de l'acceptation.

C'était l'époque où le président du conseil mettait son vieil ami Weiss, sans tenir compte de ses opinions conservatrices, à la direction politique des Affaires étrangères, le général de Miribel à l'état-major de la Guerre. La nomination de M. de Chaudordy présentait le même caractère de réaction contre l'exclusivisme étroit des républicains.

— Avouez que le patron a un rude estomac, disait alors M. Spuller, à propos de ces nominations qui faisaient hurler quelques-uns des plus fidèles amis de Gambetta.

— Oui, il a toutes les audaces, observait M. de Chaudordy.

Il le lui dit à lui-même, en souriant :

— Des hommes du Seize-Mai, aux affaires, avec vous!

— Ah! je m'en f... bien du Seize-Mai, repartit Gambetta. C'est fini le Seize-Mai et je prends les hommes là où je les trouve.

C'était trop d'audace au regard de la majorité et ménager trop peu ses suceptibilités et ses préventions. Prendre des fonctionnaires, des ambassadeurs ailleurs que parmi les républicains, constituait un crime que même la compétence et le mérite individuel des élus ne pouvaient excuser. On eut vite fait d'en châtier Gambetta, au mépris des inoubliables services rendus par lui à la République. Le 26 janvier 1882, sur la question du scrutin de liste, il se trouva 192 républicains pour voter contre lui et former avec 76 membres de la droite la majorité qui le renversa.

Quatre jours après, M. de Freycinet revenait à la présidence du conseil et reprenait le portefeuille des Affaires étrangères. M. de Chaudordy n'était déjà plus ambassadeur en Russie. Le jour même de la chute de Gambetta, il lui avait apporté sa démission, avant d'avoir occupé son poste.

— Entré avec vous, je sors avec vous.

Gambetta lui serra les mains en disant :

— C'est bien ce que vous faites là ; mais, soyez tranquille, nous nous retrouverons.

La mort allait en décider autrement.

La démission de M. de Chaudordy rendait de nouveau vacante l'ambassade de Russie. Il importait d'y pourvoir sans tarder. M. de Freycinet crut faire un coup de maître, en y appelant l'amiral Jaurès.

Si des services militaires éclatants pouvaient suffire pour créer un habile diplomate, l'amiral eût été merveilleusement à sa place dans la haute fonction qui lui était confiée. Par malheur, les qualités professionnelles lui faisaient défaut. Il ne les avait pas acquises durant le séjour qu'il venait de faire à l'ambassade de Madrid. Il ne les révéla pas davantage à celle de Saint-Pétersbourg. La vérité nous oblige même à confesser qu'on eut bientôt à regretter de l'avoir choisi. Le souvenir de ses bévues et de ses réflexions inopportunes est resté légendaire dans le corps diplomatique.

Lorsqu'à son arrivée à Saint-Pétersbourg, il

fut admis à présenter ses lettres de créance, on le conduisit, avec le cérémonial d'usage, à l'audience impériale, à travers une galerie dont les murs étaient couverts d'antiques portraits.

— Quels sont ces magots? demanda-t-il soudain à haute voix.

Ces magots étaient les anciens grands ducs de Moscovie. Il est aisé de comprendre pourquoi, après un début caractérisé par un tel manque de tact, on le tint en défiance. Par la suite, il ne fut pas plus heureux. Je n'en citerai qu'un exemple.

Un jour, il dînait chez le général Ignatief, au ministère de l'Intérieur, en nombreuse et brillante compagnie. La conversation était tombée sur les graves difficultés que créaient à la Russie les conspirations nihilistes.

— Vous ne vous en tirerez que quand vous serez en République, déclara brusquement l'ambassadeur de France.

Il y eut un moment de stupeur. Le général Ignatief conserva cependant assez de présence d'esprit pour prendre la chose en riant :

— Oh! amiral! pas chez moi, fit-il.

Et avant que l'ambassadeur eût compris le sens de cette observation présentée d'un ton déférent et amical, il mit l'entretien sur un autre sujet. Mais, comme diplomate, le brave amiral Jaurès était condamné.

Du reste, pendant la durée de son ambassade, nous ne cessâmes de jouer de malheur avec la cour de Russie. Au mois de mai 1883, eut lieu à Moscou le couronnement du Tsar. A cette solennité, toutes les puissances avaient envoyé, à titre d'ambassadeurs extraordinaires, des princes de sang impérial et royal ou, à défaut de princes, d'illustres personnages. C'était une occasion pour la France de faire brillante figure. Elle avait le duc d'Aumale; elle avait Mac-Mahon; elle avait Canrobert. On songea, paraît-il, aux deux premiers. Puis, l'idée parut téméraire; on y renonça et finalement, on envoya M. Waddington. Or, outre que la personnalité de l'honorable ancien ministre était bien mince pour un si grand rôle, il avait froissé la Russie par la constance de son opposition à tout rappro-

chement avec elle et par son attitude au congrès de Berlin. Il était le dernier qu'on eût dû
choisir. C'est sans doute pour céla qu'il fut
désigné.

Cette insigne maladresse et beaucoup d'autres,
l'insuffisance notoire de l'amiral Jaurès eurent
pour effet, on peut le croire, de servir les influences qui s'exerçaient contre nous à la cour
impériale, à la faveur de circonstances internationales, propres à ramener la Russie du côté
de l'Allemagne et de l'Autriche. Elles furent
violemment exploitées contre nous. Loin de se
rapprocher de la France, l'Empereur semblait
n'avoir d'autre souci que de prouver à l'Europe
qu'il ne voulait pas la guerre. Comme pour
préluder à l'entrevue de Skiernievice qui eut
lieu l'année suivante, il envoyait M. de Giers
à Berlin et à Vienne porter des assurances
nouvelles de paix et d'amitié.

En de telles occurrences, il eût été d'intérêt
majeur pour la France d'être représentée à
Saint-Pétersbourg par un homme capable de
gagner la confiance d'Alexandre III et d'atténuer

ainsi les fâcheux effets qu'exerçaient à la cour
de Russie les tendances du gouvernement français dans sa politique intérieure. L'amiral Jaurès ne pouvait être cet homme-là et son ambassade, même en la jugeant avec indulgence,
ne saurait échapper au reproche d'avoir contribué à nous faire perdre alors un temps précieux.

Il ne tarda pas à comprendre que, dans la
situation si délicate qu'il s'était faite, ce n'est
pas à Saint-Pétersbourg qu'il pouvait encore
servir son pays. Lui-même demanda son rappel
en alléguant le désir d'être remis à la tête d'une
escadre, et le 10 novembre 1883, le ministère
Ferry alors au pouvoir lui donna pour successeur à l'ambassade de Russie le général Appert.

IV

Rarement, dans le choix d'un ambassadeur, ministre eut la main plus heureuse que
M. Jules Ferry lorsqu'à la date du 10 novem-

bre 1882, il proposa à l'agrément de l'empereur
de Russie, pour succéder à l'amiral Jaurès, le
général Appert. Les deux illustres soldats que
le Tsar avait eus précédemment auprès de lui
comme représentants de la France — les généraux Le Flô et Chanzy — avaient conquis à
Saint-Pétersbourg dans le monde diplomatique,
comme dans la société, la situation la plus favorable aux intérêts qu'ils étaient chargés de
défendre.

Le général Le Flô, particulièrement, exerçait
sur l'empereur Alexandre II un ascendant qui
tirait son origine de ses qualités personnelles,
de sa franchise un peu brusque, de sa droiture
à toute épreuve et dont les excellents effets
avaient maintes fois facilité la marche des
affaires ou même, comme en 1875, conjuré les
périls qui menaçaient la France. La faveur
dont, après lui, n'avait cessé de jouir le général
Chanzy tenait à l'admiration qu'excitaient à la
cour et dans l'armée russe, les glorieux services
rendus par lui à son pays lors de la guerre. Elle
avait aussi contribué à prévenir certains ma-

lentendus ou à les apaiser quand il avait été impossible de les prévenir.

Pour remplacer ces deux ambassadeurs, pour rétablir sur le pied où ils l'avaient laissée la situation de la France à la cour de Russie, il fallait trouver un homme qui fût leur égal par le rang et le caractère et dont le passé fût, comme le leur, digne d'inspirer la confiance et d'imposer le respect.

Le général Appert fut cet homme-là. Agé de soixante-six ans, il venait, depuis quelques mois, de prendre sa retraite et de quitter le commandement du 17e corps d'armée. C'est dire que, militairement parlant, il avait épuisé les faveurs qu'il pouvait attendre d'une carrière brillante entre toutes.

En France, on le connaissait mieux qu'on ne connaissait beaucoup d'autres officiers généraux, ses rivaux et ses émules. Sa notoriété était due non seulement aux faits honorables dont était pleine sa vie, à ses quinze campagnes en Afrique, en Crimée, en France, mais encore et surtout au rôle qu'il avait joué après la Com mune, alors qu'à Versailles, en sa qualité de commandant de la subdivision de Seine-et-Oise, il avait été chargé d'organiser les conseils de guerre devant lesquels comparurent les milliers d'accusés que l'écrasement de l'insurrection avait livrés à la rigueur des lois de l'état de siège.

Dans ces fonctions, il ne se départit jamais d'un ferme esprit de justice et d'équité et s'il resta toujours le partisan résolu d'une répression légale, complète, son âme généreuse et croyante n'en versa pas moins sur bien des blessures une pitié consolante. Quand son œuvre fut terminée, on ne lui connaissait pas un ennemi.

Aux privilèges résultant de son passé sans tache et qui eussent suffi, à défaut d'autres, à le placer haut à la cour et dans le monde russes, il en ajoutait un précieux entre tous, au point de vue de l'influence diplomatique. Comme l'impératrice de Russie, madame la générale Appert était danoise. Plusieurs membres de sa famille avaient occupé des situations à la cour de Danemark. A ce titre, elle était connue et aimée de la vaillante souveraine à qui le crime du 13 mars 1881 avait précédemment donné la couronne impériale, au moment où elle l'attendait le moins.

C'étaient là, on le reconnaîtra, des conditions exceptionnellement propices à l'accomplissement d'une mission aussi importante que celle dont avait été chargé le général. Elles expliquaient le choix fait par M. Jules Ferry, l'agrément donné par le Tsar à ce choix et la satisfaction patriotique avec laquelle partit pour la Russie le nouvel ambassadeur.

Comme tous les hommes d'un réel mérite, le général Appert était modeste. Abordant une entreprise à laquelle ne semblait pas l'avoir préparé sa carrière militaire, il ne se dissimulait ni les difficultés qui l'attendaient dans les fonctions qu'il venait d'accepter, ni la grandeur de la tâche qui lui était confiée. Cette tâche, l'état politique de l'Europe, les récents malheurs de la France, l'isolement qui en était la suite, la rendaient redoutable. Mais il savait que

l'empereur Alexandre aimait les vieux soldats.
L'exemple de ses deux prédécesseurs Le Flô et
Chanzy ne pouvait que l'encourager. Il partit
avec le ferme espoir de réussir aussi bien qu'eux-
mêmes. D'ailleurs, à son arrivée à Saint-Pétersbourg, il allait trouver un précieux collaborateur dans la personne de M. Ternaux-Compans,
conseiller de l'ambassade, à qui une pratique
déjà longue de la cour impériale donnait une
compétence qui ne fut égalée que par le dévouement qu'il ne cessa de témoigner à son ambassadeur, dès qu'ils se furent connus et appréciés.

Au moment où le général Appert prenait possession de son poste, l'Europe voyait se préci-
piter les changements progressifs survenus depuis quelques années dans les conditions de
son existence. Le conflit turco-russe, le congrès
de Berlin, les incidents si nombreux et si divers
qui s'étaient succédé depuis ces événements,
avaient laissé entre l'Allemagne et l'Autriche
d'un côté et la Russie de l'autre, des germes de
division. Le temps semblait en hâter le déve-
loppement.

Il n'était plus douteux qu'il y eût entente entre l'Italie et les deux cours impériales, alliées depuis 1879. Au mois de mars précédent, à la tribune du parlement italien, le ministre des Affaires étrangères, M. Mancini, l'avait presque formellement déclaré, tout en protestant du caractère purement défensif et pacifique de cette entente qualifiée dans ses discours « d'alliance régulière ». Après cet aveu, l'Allemagne et l'Autriche s'étaient empressées, il est vrai, d'en atténuer l'imprudence, en laissant entendre qu'il fallait le réduire au simple fait d'une constatation d'identité de vues, qu'on n'avait pas jugé nécessaire de sanctionner par un traité en forme.

Mais, qu'il y eût traité ou non, il résultait de ces diverses déclarations que le cabinet de Rome était enfin parvenu à entrer en pourparlers avec ceux de Berlin et de Vienne. Comme prélude à cet accord, — vainement sollicité, en 1872, en 1875, en 1877 et plus tard au congrès de Berlin, quand l'Italie espérait obtenir Trieste et le Tyrol italien, — ne venait-on pas

de voir aux fêtes célébrées à l'occasion du mariage du duc de Gênes avec une princesse de
Bavière, flotter, fraternellement confondues, les
couleurs allemandes et italiennes?

D'autre part, les événements de Bulgarie se
compliquaient. Dans les contrées où la Russie
et l'Autriche se disputent l'influence, le mouvement slaviste déchaîné par la Russie s'étendait
bruyamment. Enfin, les armées russes, avançant
en Asie centrale, se dirigeaient sur Merv où elles
allaient entrer, au mois de février, sans sou-
lever aucune protestation de la part de l'Angleterre, bien qu'à une époque antérieure et récente, lord Beaconsfield eût déclaré que la prise
de Merv serait considérée par les Anglais comme
un *casus belli*. Il est vrai qu'ils étaient maintenant absorbés par les événements d'Égypte,
par une campagne désastreuse contre le Mahdi,
et ne pouvaient songer à s'opposer par les
armes à la marche des Russes.

Nous renoncerons à examiner si de tels événements, en leur ensemble, laissaient place à
l'action de la France en Russie. Pour que cette

action s'exerçât sur le terrain politique, il eût fallu, tout au moins, que notre ambassadeur trouvât dans l'attitude de son gouvernement les éléments propres à favoriser ses démarches.

Mais à cette heure, en France, on était bien loin d'entrevoir, dans l'état de l'Europe, des points de contact avec la Russie. Nous venions de saluer, à son départ, un des plus vieux et des plus fidèles amis de notre pays, le prince Orlof, ambassadeur du Tsar. Il quittait Paris, bien qu'il n'eût point souhaité de s'en éloigner, pour aller occuper à Berlin des fonctions analogues. Son rappel ne pouvait être considéré comme la preuve d'un désir d'être agréable à la nation française. On nous envoyait à sa place le baron de Mohreinheim dont le Tsar, quand il n'était encore que tsarewitch, avait apprécié les mérites et les sentiments, à Copenhague. Mais, M. de Mohreinheim nous était encore inconnu. Nous ne pouvions songer alors à voir en lui un des partisans les plus ardents de l'alliance franco-russe. Il mesurait, par avance, les difficultés que rencontrerait, auprès de son gouvernement, toute tentative en faveur de cette alliance. Il savait en tous cas, qu'elle ne pouvait se faire à Paris et que, pour y arriver, c'est à Saint-Pétersbourg qu'il fallait frapper.

Le ministère Ferry suivait à l'intérieur, en accentuant sa politique anti-religieuse et « laïcisante », un système qui ne pouvait qu'éloigner de lui le gouvernement impérial. Au dehors, en même temps qu'il aventurait les ressources du pays dans des entreprises coloniales dont nous n'avons pas encore recueilli le fruit, il s'efforçait d'établir cette entente et cette suite d'action avec l'Allemagne, qui ont caractérisé son gouvernement.

Ses efforts étaient tels qu'on put croire alors qu'il cherchait à créer un rapprochement durable entre Paris et Berlin. Ils furent surtout sensibles en septembre 1884, lors des négociations relatives à l'Égypte. Il n'y eut pas là seulement, de la part des deux cabinets, la marche parallèle et identique qui peut se produire accidentellement entre des adversaires ayant, sur une question spéciale, un intérêt commun. Il y

eut quelque chose de plus, un désir réciproque
de rendre plus nombreux les intérêts communs
en les cherchant aussi loin que possible des
points précis, où leur communauté aurait fatalement cessé d'exister.

Ces intérêts, la politique du ministère Ferry,
à cette époque, tendit constamment à les multiplier sur le terrain des expéditions lointaines, où
la France et l'Allemagne pouvaient naturellement s'unir contre l'Angleterre, en oubliant la
question autrement grave et autrement chère au
patriotisme français, qui les divisait sur le
continent.

Ce qui fut particulièrement symptomatique,
c'est que l'attitude assez peu fière qu'affectait de
prendre devant l'Allemagne le gouvernement
français n'amena pas, ainsi qu'on pouvait l'espérer, l'ombre d'une modification dans la politique
de M. de Bismarck en Europe. Il ne nous était
bienveillant qu'au delà des mers. En deçà, il con-
tinuait à se conduire en défiance de nous. Dans
tout, partout, nous retrouvions sa main. L'entrevue qui, durant ce même mois de septembre,

eut lieu à Skiernevice en Pologne, entre les trois empereurs accompagnés de leurs chanceliers respectifs, paraît avoir été son œuvre.

Bien qu'il soit assez difficile de savoir ce qui s'y passa, il est toujours resté admis qu'elle avait eu pour but de ramener la Russie dans le giron de l'alliance austro-allemande. Si telle est la vérité, on doit supposer que le Tsar se déroba aux instances dont il était l'objet, car il ne parut pas ensuite que ses vues politiques se fussent modifiées. Il resta ce qu'il n'avait cessé d'être depuis son avènement au trône, se montrant aussi peu pressé de contracter des engagements nouveaux que d'étendre la portée de ceux qu'il avait contractés antérieurement.

C'est au cours des incidents qui révélaient cet état de choses, que notre ambassadeur eut à établir son influence à Saint-Pétersbourg. Ce travail nécessaire, la bienveillance du Tsar le lui facilita. Ses qualités personnelles avaient été vite appréciées. Il était parvenu à plaire, sans effort, rien qu'en laissant se manifester, sans contrainte, les élans de sa chevaleresque nature.

L'Empereur, dès ce moment, se plaisait à l'appeler, à s'entretenir avec lui, sur le pied d'une quasi intimité, des choses de France.

Nos relations avec la Russie, ni à cette époque, ni pendant la durée de l'ambassade du général Appert, ne comportèrent guère que des négociations sur les questions courantes. Ce n'est pas en les traitant par la voie diplomatique, qu'il eût aisément trouvé la possibilité de conjurer les fâcheux effets que produisaient souvent, à Saint-Pétersbourg, les divers épisodes de la politique à tendances radicales, qui était celle du gouvernement français. Mais, en dehors de la voie diplomatique, de nombreuses occasions lui étaient offertes de causer avec l'Empereur et de plaider la cause de son pays. Si le tsar Alexandre III passait moins de revues que son prédécesseur, ces revues quasi quotidiennes, qu'avait inaugurées Paul Ier et auxquelles étaient invités les membres du corps diplomatique, il y avait encore des parades et des fêtes de régiments, assez fréquentes pour que le général Appert y trouvât précisément cette occasion de voir et d'entretenir l'Empereur beaucoup plus aisément que ses collègues non militaires. En outre, la période des manœuvres de Krasnœ-Célo, qui durait plusieurs jours, favorisait cette intimité. Dans ces circonstances, comme dans les audiences qu'il accordait au général, aussi fréquentes que celui-ci le désirait ou même sans qu'il les eût sollicitées, l'Empereur se laissait volontiers expliquer, en peu de mots, certains faits qu'il avait peu ou mal compris, et ses impressions premières étaient ainsi redressées et corrigées, ce qui présentait un grand avantage pour la marche des affaires.

A ce moment, rien de ce qui se passait chez nous n'était pour plaire à l'Empereur, ni pour lui laisser croire que la Russie pourrait un jour mettre sa main dans la main de la France. Pour s'arrêter à une telle hypothèse, il fallait ou qu'il l'entrevît à travers le langage en lequel le général Appert lui dépeignait les véritables sentiments des Français, ou encore qu'il considérât les événements qui se déroulaient en Europe et attestaient que, presque de tous côtés, se grossissaient les causes d'antagonisme qui liguaient contre la Russie, sous des formes plus ou moins avouées l'Allemagne, l'Autriche, l'Italie et l'Angleterre.

Mais, eût-il été tenté d'envisager cette hypothèse, dès ce moment, comme il l'envisagea plus tard, il ne s'y serait guère arrêté que pour constater l'impossibilité de la voir se réaliser, tant, à Paris, on semblait se complaire à lasser sa patience par les actes les plus inconsidérés. Parmi ces actes, il faut placer la grâce que M. de Freycinet crut devoir accorder au prince Krapotkine. Ce personnage, considéré comme un conspirateur dangereux, avait été condamné par les tribunaux français à cinq ans de prison et subissait sa peine à Clairvaux. Sa grâce fut demandée à M. de Freycinet et il la promit. Le bruit de cette promesse produisit à Saint-Pétersbourg le plus déplorable effet. Le général Appert en avertit son ministre. Il lui répéta les propos qui lui étaient tenus à lui-même, à ce sujet. Il appela son attention sur la responsabilité qui incomberait à la France si, une fois en liberté, le prince Krapotkine assassinait l'Empereur ou le faisait assassiner. Les dépêches échangées à cette occasion sont bien émouvantes. Elles révèlent l'effort persévérant de l'ambassadeur pour empêcher une mesure funeste, l'entêtement du ministre dans son projet, les mauvaises raisons qu'il donna pour le justifier. Ces raisons, finalement, prévalurent et Krapotkine obtint sa grâce.

Le Tsar fut profondément offensé par cette mise en liberté d'un des plus ardents ennemis de sa couronne, l'homme le plus entreprenant du parti nihiliste. Il écrivit à M. de Mohreinheim une lettre où ses sentiments s'exprimaient avec tant de véhémence que celui-ci ne crut pas devoir, assure-t-on, la communiquer à M. de Freycinet, lequel en profita pour faire remarquer au général Appert qu'il s'était ému bien à tort. Il n'est que trop vrai, cependant, que, sans l'habileté avec laquelle manœuvra l'ambassadeur, on n'aurait pu éviter une rupture.

On peut dire que, durant toute cette période, l'action du général Appert, si elle n'eut pas à se manifester en des négociations retentissantes, s'exerça sur l'esprit de l'Empereur d'une manière suivie, permanente et avec assez d'efficacité pour y jeter les germes que devaient féconder plus tard d'autres circonstances et d'autres dévouements. L'ambassade du général Appert présente ce caractère que ce que d'autres parviennent à réaliser par la seule habileté diplomatique, lui le réalisa grâce à la sympathie et à l'estime qu'il savait inspirer. Cela eût-il suffi pour venir à bout de négociations graves et difficiles? Il n'est pas téméraire de l'affirmer. M. de Giers, comme l'Empereur, avait en le général Appert la plus grande confiance. Dans la situation faite alors à la France en Europe et en Russie, rien n'était plus propre à servir ses intérêts, ainsi qu'ils avaient besoin de l'être, que cette faveur dont jouissait le général et qui ne lui était si libéralement octroyée, que parce qu'il avait su la mériter.

Durant l'hiver de 1885, le Tsar voulut lui en donner un témoignage public et éclatant. Il accepta de paraître à un bal chez l'ambassadeur

de la République française. Il ordonna que tous
les princes et princesses de la famille impériale y
assisteraient. Il insista même pour qu'un de ses
frères qui était souffrant, fît effort pour s'y montrer si son état le lui permettait. C'était la première fois, depuis 1871, que le palais de l'ambassade s'ouvrait devant le souverain. Celui-ci
le fit remarquer à l'ambassadeur. La fête fut
magique. La noblesse russe, le corps diplomatique, les hauts dignitaires, tout ce que Saint-
Pétersbourg comptait d'illustre y accompagnè-
rent l'Empereur.

Au même moment, des députés français, à
l'occasion de la discussion du budget, propo-
saient la suppression du crédit affecté au traitement des ambassadeurs. Et encore n'était-ce là
qu'un trait de la politique si funeste à notre
influence extérieure, que cherchait à faire prévaloir une fraction importante du parti répu-
blicain. On ne saurait accorder trop d'éloges
à ceux qui représentaient alors la France à
l'étranger et, par leur attitude, s'efforçaient de
défendre son prestige en train de se rétablir,

contre les imprudents qui, à Paris, s'attachaient à le détruire. Si l'on avait écouté ceux-ci, où en serions-nous aujourd'hui? Où en serait cette alliance avec la Russie, qui est la garantie de notre sécurité et la sauvegarde de la paix en Europe?

Par quel concours de circonstances, et alors que le gouvernement français était si vivement intéressé à se faire représenter auprès des grandes cours par des ambassadeurs influents, fut-il conduit à rappeler le général Appert? Comment s'exposa-t-il à provoquer ainsi le grave incident diplomatique, qui, durant plusieurs mois de l'année 1886, enleva à nos relations avec la Russie le caractère de cordialité, que depuis si longtemps elles n'avaient cessé d'avoir? Telles sont les questions auxquelles il y a lieu maintenant de répondre, en cherchant la vérité entre les affirmations contradictoires dont l'opinion, faute d'en pouvoir vérifier l'exactitude, a dû jusqu'ici se contenter.

V

Le ministère Ferry, renversé le 30 mai 1885, à la suite du douloureux épisode de Lang-Son, fut remplacé, le 6 avril, par un ministère Brisson, dans lequel M. de Freycinet eut le portefeuille des Affaires étrangères, qui lui avait été confié à deux reprises, en 1879 et en 1882. On a raconté depuis, dans l'entourage du ministre, que M. Jules Ferry, en lui remettant les services du département, avait attiré son attention sur les inconvénients qu'aurait offerts à cette époque, en ce qui concernait la conduite de nos affaires en Russie, le défaut d'activité du général Appert, résultant de l'état de sa santé.

— Vous savez combien nous l'aimons, aurait dit M. Ferry à son successeur. Mais je crains bien que vous ne soyez obligé de le remplacer.

M. Jules Ferry étant mort, il ne m'a pas été possible de savoir si ce propos fut réellement

tenu ou simplement inventé après coup, pour
établir que la mesure dont était victime le
général Appert avait été, depuis longtemps et
même avant l'avènement de M. de Freycinet,
considérée comme nécessaire. Ce qui n'est
pas contestable c'est qu'au retour du général,
M. Jules Ferry le vit plusieurs fois et lui exprima chaque fois ses regrets, en déplorant la
faute que, selon lui, avait commise le gouvernement en le rappelant.

— Je ne l'aurais jamais commise, répétait-il;
je ne vous aurais pas rappelé.

Il n'est pas moins certain que, pendant plus de
neuf mois, rien, dans les relations de M. de
Freycinet avec notre ambassadeur en Russie,
n'indiqua qu'il eût formé le projet de se priver de ses services. Ce fut seulement l'année
suivante, après la formation du ministère du
7 janvier dans lequel, tout en conservant le portefeuille des Affaires étrangères, il eut la présidence du Conseil, que convaincu, affirment ses
amis, de la nécessité d'imprimer à notre politique extérieure une orientation nouvelle plus

marquée vers la Russie, il voulut se donner à
Saint-Pétersbourg un représentant plus actif
que le général Appert.

A ce moment, ajoutent-ils, celui-ci venait de
rester alité durant plusieurs semaines. A diverses
reprises, en répondant à des instructions de
son ministre qui l'invitait à se rendre auprès
de M. de Giers pour l'entretenir de questions
urgentes, il avait dû faire connaître que, cloué
sur son lit, il était obligé d'ajourner l'exécution
des commissions dont on le chargeait ou d'en
confier le soin au conseiller de l'ambassade.

A ces raisons, il y a lieu d'objecter tout au
moins qu'elles contiennent une inexactitude matérielle. Le général Appert avait été malade en
effet et obligé de rester alité pendant près de
quatre semaines. Mais, ce n'était pas en 1886.
C'était en 1885, aux mois d'avril et de mai, au
moment même de la chute du ministère Ferry.
Depuis, sa santé était redevenue excellente,
ainsi que l'atteste sa présence à toutes les céré-
monies de la cour, parades et réunions mon-
daines. On ne saurait donc admettre que ce

soit un prétendu empêchement de remplir ses
fonctions, qui ait déterminé M. de Freycinet à
le rappeler. Il est plus logique de croire que ce
ne fut là qu'un prétexte allégué rétrospective-
ment, lorsqu'en présence des funestes effets que
produisit le rappel de l'ambassadeur, il fallut
trouver une bonne raison pour expliquer ce
rappel.

Il a été, d'ailleurs, de notoriété publique que
M. de Freycinet était animé du désir de pourvoir
d'une ambassade un de ses amis, le général
Billot, à qui il en avait fait précédemment la
promesse quasi formelle, pour le consoler de
n'avoir pas été admis à faire partie du cabinet.
Cette candidature lui était, en outre, très chaleureusement recommandée par Madame Adam
dont il ne lui déplaisait pas de subir ou, tout au
moins, de paraître subir l'influence.

On peut donc affirmer, sans qu'il soit nécessaire de rechercher à quelle date remontait son
projet, que ce fut pour cet unique motif et non
pour aucun autre qu'il prit la résolution de le
réaliser à ce moment et de mettre à Saint-

Pétersbourg un ambassadeur de son choix.
Dans ses entretiens avec ses collègues, il les
avait ralliés à son idée. Il en avait aussi entretenu le baron de Mohreinheim. Il a toujours
déclaré qu'il n'avait pas trouvé chez ce haut
personnage un avis contraire au sien.

Quoi qu'il en soit, il écrivit au général Appert,
à titre privé, une lettre très amicale, dans laquelle il lui disait en substance : « La politique
a de dures exigences. Des nécessités de gouvernement nous obligent à vous rappeler et à vous
remplacer à Saint-Pétersbourg. Elles n'ont rien
de désobligeant pour vous ni qui puisse faire
croire que nous doutons de vos mérites et de
l'étendue des services que vous avez rendus.
Prenez donc vos mesures en vue de votre retour
en France d'ici à quelques semaines. Je suis heureux de vous annoncer qu'après avoir présenté
vos lettres de rappel et en arrivant à Paris, vous
recevrez le grand cordon de la Légion d'honneur. »

Assurément, cette lettre dans laquelle, soit
dit en passant, il n'était fait aucune allusion à

là santé du général Appert, enlevait à la mesure dont était l'objet ce dernier le caractère d'une disgrâce. Mais, demander à un vieux soldat, peu façonné aux souplesses et aux exigences diplomatiques, d'élever de ses mains et d'orner de fleurs l'autel sur lequel on voulait l'immoler, c'était peut-être lui demander trop. La lettre de M. de Freycinet fut remise au général dans la soirée, vers dix heures, pendant un bal donné à l'ambassade, en l'honneur de la grande duchesse Catherine. Il n'en fut que plus péniblement impressionné par une nouvelle à laquelle il était si loin de s'attendre.

La réponse qu'il fit à M. de Freycinet se ressentait de ces dispositions qu'il est aisé de comprendre. En présence de la situation matérielle et morale, qu'il avait réussi à créer à Saint-Pétersbourg, il était fondé à considérer son rappel comme un acte injuste autant que maladroit. Il ajoutait d'ailleurs qu'en présence de la décision ministérielle, il n'avait qu'à s'incliner. Cependant, soit qu'une indiscrétion eût été commise à Paris, dans l'entourage gouvernemental, soit que le baron de Mohreinheim, mis au courant des intentions de M. de Freycinet, en eût donné avis à M. de Giers, le bruit se répandit à Saint-Pétersbourg que le général Appert avait sollicité son rappel pour des raisons de santé et qu'il était remplacé par le général Billot. La nouvelle y causa une véritable stupeur, surtout dans le corps diplomatique. On ne comprenait pas, on ne pouvait comprendre qu'un gouvernement compromît de gaîté de cœur une situation devenue si favorable, au moment où l'entente de la Russie avec l'Allemagne allait prendre fin et où la politique de l'Empereur le rapprochait fatalement de la France.

On a raconté qu'à la faveur des sentiments unanimes qu'excitait la nouvelle de sa disgrâce imméritée, l'ambassadeur, cédant à un mouvement de colère, aurait demandé une audience à l'Empereur et lui aurait dit très ému, les larmes dans les yeux : « Sire, on me rappelle », laissant entendre ainsi que son rappel était devenu définitif, avant d'avoir été officiellement notifié à la cour de Russie. Ce récit, véritablement injurieux pour la mémoire du général et si peu conforme à ce qu'on sait de lui, est dénué de tout fondement. Ce fut l'Empereur qui, l'ayant vu à la parade, à cheval, l'interpella, en lui demandant s'il était vrai qu'il fût malade, malade au point d'être obligé de retourner en France. La réponse du général ayant été négative, l'Empereur, dont la franchise et la droiture sont proverbiales, considéra la conduite de M. de Freycinet envers lui comme un manque d'égards. Le fait même du rappel n'y était pour rien. Quelque peine qu'il en ressentît, il s'y fût résigné, si l'on eût pris soin de lui en exposer les véritables causes, sans les dissimuler sous un prétexte. Mais en constatant que pour lui faire accepter l'éloignement d'un homme qui lui était cher, on avait essayé de ruser, il ne put contenir son mécontentement. Il était encore sous l'impression fâcheuse qu'avait déterminée en son esprit l'affaire Krapotkine, très mécontent de la direction donnée par le gouvernement français à la politique intérieure. Ce mécontentement, il l'avait exprimé et fait

exprimer par M. de Giers, en des termes dont le
général Appert s'était fait maintes fois l'écho
auprès de M. de Freycinet. Ce dernier incident
combla la mesure. Il déclara au général lui-
même, qu'en l'état des choses, des ambassadeurs étaient bien inutiles. Lorsqu'après le départ de ce dernier, on songea à soumettre à
l'acceptation du Tsar le nom du général Billot,
il prévint toute proposition en disant :

— Ni le général Billot, ni personne.

Et en même temps que M. de Giers faisait
savoir à Paris que l'Empereur renonçait, quant
à présent, à avoir auprès de lui un ambassadeur de France et qu'un chargé d'affaires lui
semblait devoir suffire à ce qu'exigeaient les relations, ordre était donné à l'ambassadeur de Russie à Paris, le baron de Mohreinheim, de quitter
son poste et de voyager après avoir confié à un
chargé d'affaires la direction de l'ambassade.

Cette décision imprévue causa, comme on
peut le croire, la plus vive émotion au gouvernement français. Mais on ne pouvait songer à
revenir sur le fait accompli. Il n'y avait plus

qu'à attendre du temps et des circonstances qu'une si pénible situation prît fin.

Le conseiller de l'ambassade de France à Saint-Pétersbourg, M. Ternaux-Compans, fut accrédité comme chargé d'affaires. Quant au baron de Mohreinheim, espérant que l'incident serait promptement apaisé, il avait quitté Paris pour en attendre la fin quelque part, dans le Midi. Mais un nouvel ordre lui fut donné d'aller plus loin. Il sortit de France, gagna la Suisse, puis Munich. Ce ne fut pas encore considéré comme suffisant et, finalement, il dut se rendre à Saint-Pétersbourg. Ce fut d'ailleurs pour un bien, car, en travaillant avec obstination à obtenir d'être renvoyé à son poste, il hâta le dénouement de cette fâcheuse complication.

L'état de choses qu'elle avait créé au mois de mars, se prolongea jusqu'au mois de novembre. Il rendait extrêmement difficile et délicate la situation du chargé d'affaires de France à Saint-Pétersbourg, quelque bienveillance qu'il rencontrât dans le monde officiel russe. Fort heureusement, la politique internationale, bien qu'en cette année 1886, elle fût grosse de difficultés, n'obligeait pas le gouvernement français à une intervention active. Il s'était désintéressé de tout ce qui ne semblait pas toucher au vif nos intérêts. Il poussait ce désintéressement jusqu'à refuser de s'associer à la démonstration navale, que toutes les puissances firent au printemps contre la Grèce pour la contraindre au désarmement, brisant par ce refus, ce qui n'était pas pour déplaire à la Russie, le fragile lien que le ministre Ferry avait noué entre la France et l'Allemagne.

Puis, lorsque faute d'un appui à Berlin et à Vienne, le Tsar laissait à contre-cœur se consacrer l'union de la Roumélie avec la Bulgarie; lorsque, usant de représailles envers ceux qui lui avaient infligé cet échec, il supprimait la franchise du port de Batoum, au mépris des décisions du congrès de Berlin; lorsqu'enfin, le prince Alexandre de Battenberg était contraint d'abandonner la souveraineté de Bulgarie, la France n'avait qu'à conserver l'attitude de neutralité qu'elle s'était imposée.

Ce n'est pas au regard de ces événements que l'absence d'un ambassadeur de France constituait un dommage pour nous. Mais d'autres faits se produisaient, qui eussent offert à cet ambassadeur plus d'une occasion de tirer parti du mécontentement qu'ils devaient exciter dans l'esprit de l'Empereur. L'Allemagne et l'Autriche, à l'exclusion de la Russie, s'unissaient plus ouvertement et d'une manière plus étroite. MM. de Bismarck et le comte Kalnoky se rencontraient à Kissingen, sans appeler M. de Giers à conférer avec eux. Ils jetaient dans cette entrevue les bases de celle qui eut lieu à Gastein entre les empereurs Guillaume et François-Joseph. L'empereur Alexandre ne pouvait voir se dérouler ces manifestations, notoirement hostiles à la Russie, sans éprouver un déplaisir dont il eût été utile et bon qu'un ambassadeur aussi bien en cour que le général Appert fût le confident.

M. Ternaux-Compans, très au courant de la situation, se rendait compte des avantages que l'on pouvait en tirer. Il ne cessait, dans ses entretiens avec M. de Giers, de lui représenter

les inconvénients qu'il y avait pour les deux
pays à laisser se prolonger un refroidissement
qu'exploitaient leurs adversaires. M. de Giers
partageait avec ardeur cette manière de voir. Il
s'appliquait à apaiser l'Empereur, à le décider
d'agréer un ambassadeur. Ces efforts allaient
aboutir, quand survint l'expulsion des princes
d'Orléans. Les dispositions impériales se trouvè-
rent de nouveau modifiées et il devint impossible
de prévoir le moment où les relations des deux
pays pourraient reprendre leur cours régulier.

M. Ternaux-Compans, profondément décou-
ragé par l'isolement auquel la politique de M. de
Freycinet condamnait la France et convaincu
que tous ses efforts ne parviendraient pas à
dissiper le mauvais effet des actes successifs
qui avaient indisposé l'Empereur, ne voulut pas
engager davantage sa responsabilité. A la fin
de juin, il demanda à être relevé de ses fonctions
et à rentrer dans le cadre de disponibilité. Il
déclara, toutefois, qu'il entendait se retirer aussi
discrètement que possible pour ne pas ajouter
aux embarras de la situation.

M. de Freycinet, irrité par cette attitude indépendante, répondit en le menaçant d'une révocation, s'il ne consentait pas à rester à son poste. Quels que fussent ses regrets de quitter une carrière dans laquelle il servait depuis vingt ans, M. Ternaux-Compans n'hésita pas. Il répondit à la mise en demeure du ministre en lui envoyant sa démission.

Plus heureux cette fois qu'il ne l'avait été précédemment, M. de Freycinet désigna, le 5 juillet, pour remplacer M. Ternaux-Compans un jeune diplomate, le comte d'Ormesson, que sa naissance et ses mérites rendaient véritablement digne de la mission qui lui était confiée. Inspirant confiance aux républicains par le dévouement dont il avait fait preuve envers Gambetta, et aux conservateurs par ses origines et ses alliances de famille, M. d'Ormesson avait cette bonne fortune d'être universellement aimé. Il prit aussitôt possession de son poste.

Il trouvait à Saint-Pétersbourg une position hérissée de difficultés. Il les aborda résolument. Sa jeunesse, son savoir-faire, ses qualités de pénétration lui eurent bientôt conquis la sympathie de M. de Giers. Il ne dissimula pas que ce qu'il poursuivait, c'était le rétablissement des ambassadeurs. Il le dit, le répéta, et toute sa conduite tendit vers ce but.

— Attendez, lui disait M. de Giers, quand il en sera temps, je vous ferai signe.

En France, on n'a pas toujours apprécié avec assez de justice le rôle de M. de Giers, en tant que défenseur des intérêts de notre pays. On y a trop souvent épousé les inimitiés qu'ont longtemps nourries contre cet homme d'État l'école de Moscou et le parti slavophile à outrance. Avec trop de légèreté, on l'a accusé d'être un tenant de l'Allemagne.

Il s'en est toujours défendu. En tous cas, en 1886, le comte d'Ormesson trouva en lui le concours le plus dévoué. C'est à lui qu'il dut, moins de quinze jours après son arrivée et contrairement à l'attente générale, d'être présenté à l'Empereur et d'entamer les pourparlers pour la nomination d'un ambassadeur.

Il persévéra, tirant parti des circonstances,

s'appliquant à montrer ce que la Russie pouvait attendre de la France. Un jour le siège fut fait. M. d'Ormesson eut la satisfaction d'annoncer à M. de Freycinet que le Tsar donnait l'ordre à M. de Mohreinheim de rentrer à Paris et consentait à laisser revenir auprès de lui un ambassadeur de France.

Son habileté n'avait pas seule obtenu ce résultat. L'Empereur venait enfin de se rendre compte du péril que créaient pour lui la duplicité de l'Allemagne et l'hostilité de l'Autriche, l'accession de l'Italie à leurs accords et le mauvais vouloir de l'Angleterre. La gravité des circonstances lui avait fait sacrifier ses précédents griefs aux intérêts de son empire.

CHAPITRE V

M. FLOURENS, MINISTRE DES AFFAIRES ÉTRANGÈRES ET SES SUCCESSEURS

Pape à la France. — Circonstances dans lesquelles il est rendu. — M. Flourens garde le secret. — Les relations renouées, grâce à lui, entre le Saint-Siège et la Russie. — Reconnaissance de Léon XIII. — Le cabinet Floquet. — M. de Freycinet ministre de la Guerre. — M. Floquet renonce au portefeuille des Affaires étrangères. — M. Goblet l'accepte. — Le ministère peu favorable à l'alliance franco-russe. — Il veut plaire à l'Italie. — L'affaire Atchinof. — Émotion qu'elle cause en Russie. — M. Spuller ministre. — Le Tsar persévère dans ses vues. — Les emprunts russes.

I

Cette crise passagère étant heureusement dénouée, il ne restait qu'à désigner un ambassadeur. Plus que jamais, il importait d'en choisir un qui fût agréable au Tsar. M. de Freycinet songea tout de suite à M. Paul de Laboulaye que, peu de jours avant, il avait nommé à Madrid, en l'invitant à rejoindre immédiatement son poste.

M. de Laboulaye avait déjà résidé à Saint-Pétersbourg, au temps du général Le Flô, en qua-

lité de premier secrétaire et de chargé d'affaires.
Il y était estimé et aimé. C'était là un titre.
Ses mérites personnels et ses services passés lui
en donnaient d'autres. Cependant, M. de Freycinet ne voulut pas avoir l'air de l'imposer en le
présentant seul. Il dressa une liste de trois
noms afin de permettre à l'Empereur de choisir
lui-même. Mais, il mit celui de M. de Laboulaye
en tête de cette liste, comme pour marquer ses
préférences.

Ce qu'il avait prévu se réalisa. Entre les trois
candidats, le Tsar désigna celui qu'il connaissait. M. de Laboulaye fut donc nommé. Il apprit
sa nomination en arrivant à Madrid et dut en
repartir en toute hâte. Il ne fit que toucher
barre à Paris, M. de Freycinet lui exprima le
regret de lui avoir fait faire inutilement le
voyage d'Espagne,

— Quand vous êtes parti, lui dit-il, rien ne
pouvait me faire prévoir que j'allais avoir besoin
de vous à Saint-Pétersbourg.

Il lui donna aussi ses instructions. Elles ne
visaient à ce moment encore aucun point spé-

cial et ne différaient guère de celles qu'emporte tout ambassadeur envoyé auprès d'un gouvernement dont on veut s'assurer l'amitié. La tâche de M. de Laboulaye devait consister, avant tout, en efforts constants pour rendre aux relations, un moment refroidies, leur ancien caractère de confiance et de cordialité; on verrait ensuite.

Avant de monter en wagon, M. de Laboulaye alla prendre congé de M. Grévy.

— N'avez-vous rien à faire dire à l'Empereur, Monsieur le Président? demanda-t-il.

— Absolument rien, répondit M. Grévy. Nous n'avons rien à en attendre.

M. de Laboulaye s'embarqua muni de ce viatique, alla d'une traite à Saint-Pétersbourg et y arriva le jour-même où le baron de Mohreinheim reprenait possession de son poste à Paris.

Dès la première audience que l'Empereur accorda à notre ambassadeur, il lui parla, non sans éloquence, des motifs qui militaient en faveur d'un rapprochement entre la Russie et la France et aussi des causes qui l'avaient toujours

empêché. Les deux pays avaient les mêmes ennemis, ils étaient exposés à des dangers pareils,
leurs intérêts étaient communs. Malheureusement, il était difficile de trouver à qui parler
chez nous avec quelque suite. Nous étions chan-
geants. L'esprit de désordre dominait dans
notre gouvernement.

M. de Laboulaye protesta avec autant d'énergie que de déférence. Au-dessus des gouvernements, il y avait l'âme de la France, toujours la
même, forte de douze siècles de gloire, si forte
qu'après les malheurs de la patrie, elle avait
toujours réagi.

— C'est vrai, observa le Tsar, vous vous êtes
toujours relevés.

M. de Laboulaye, à en croire les lettres qu'il
envoyait alors à Paris, emporta de ce premier
entretien la conviction qu'il avait un noble but
à poursuivre et de grandes chances d'y parvenir
par une constante application à vaincre les préventions du Tsar, à entrer dans ses vues, toutes
les fois qu'elles seraient conformes à l'intérêt
français. Moins de trois mois après son arrivée

à Saint-Pétersbourg, le cabinet Freycinet fut contraint de se retirer et M. Goblet qui lui succéda, le 13 décembre 1886, donna le portefeuille des Affaires étrangères à M. Flourens.

M. Flourens était un nouveau-venu dans la politique. Il n'avait occupé jusqu'à ce jour que des fonctions administratives. Il ne faisait même pas partie du Parlement. Il n'y entra que deux ans plus tard, grâce au vote des électeurs des Hautes-Alpes. On doit donc supposer que, peu familiarisé avec les Affaires étrangères, il n'avait, au moment où il en prenait la direction, ni système préconçu, ni parti pris quant à l'esprit qu'il convenait d'y apporter. Il est cependant parmi les ministres qui, depuis 1879, ont siégé au quai d'Orsay, celui duquel on peut le mieux dire qu'il a su ce qu'il voulait. Il a suivi avec persévérance, sans en dévier jamais, une ligne droite et unique.

Il ne semble pas que ce soit seulement son opinion personnelle, qui ait imprimé à sa marche cette impulsion résolue et suivie. Mais c'est être habile, quand on juge utile de recourir aux conseils d'autrui, de les demander à ceux qui peuvent les donner bons. Cette habileté-là, M. Flourens l'a eue au plus haut degré. Grâce à la sagesse des avis qu'il a sollicités et écoutés, il a pu se faire un idéal politique et se tracer un programme dont l'espoir de le réaliser a été l'inspirateur de tous ses actes.

Ce programme que Gambetta avait entrevu quelques années avant, ainsi qu'en témoignent ses confidences à M. de Freycinet, avait pour base le rapprochement de la Russie et de la France et pour couronnement la réconciliation de la Russie et de l'Angleterre par l'entremise de la France. Peut-être se trouvera-t-il des gens pour le considérer comme irréalisable. Il paraissait l'être plus encore qu'aujourd'hui, en 1886, alors qu'aux dissentiments que les conquêtes russes en Asie, avaient créés entre Londres et Saint-Pétersbourg, succédaient les difficultés, engendrées par la question bulgare. On pouvait espérer, toutefois, qu'elles finiraient par s'apaiser et que l'Angleterre n'ayant plus rien à redouter des Russes, ni à Constantinople, ni en Asie, ne serait plus empêchée de mettre sa main dans leur main.

Ce fut tout au moins l'idée que ne cessa de caresser M. Flourens et qui le poussa à suivre une politique propre à nous assurer la confiance de la Russie et à nous donner une influence sur elle. M. de Laboulaye était donc assuré d'être compris et appuyé. Ses efforts et ses vues ne reçurent de Paris, tant que M. Flourens resta ministre, qu'approbation et encouragements.

La question bulgare, qui avait paru s'apaiser après le congrès de Berlin, dominait de nouveau la politique européenne, à la fin de 1886. Elle entretenait des menaces de guerre. L'influence russe, un moment assez puissante en Bulgarie pour détrôner le prince Alexandre de Battenberg, était maintenant en échec, grâce à l'accord de l'Angleterre et de l'Autriche, auquel semblait se rallier l'Italie. En apparence, l'Allemagne soutenait le cabinet de Saint-Pétersbourg. Mais sa conduite n'était pas sans éveiller quelques soupçons, quant à sa sincérité. Il ne restait plus à la Russie d'autre concours que celui de la France.

Cette situation, **moins** visible alors qu'elle n'est apparue depuis, quand le temps l'a eue dégagée de toutes les obscurités, était entrée certainement pour une large part dans les considérations par lesquelles le Tsar s'était déterminé à remettre ses relations avec le gouvernement français sur l'ancien pied, par le rétablissement des ambassadeurs. En tous cas, dès ce moment, elle traçait à la France la voie dans laquelle elle devait s'engager. Son intérêt lui commandait de seconder avec franchise et netteté la politique russe. C'est ce que comprit M. Flourens, et dès qu'il eut trouvé l'occasion de témoigner de ses desseins, il s'en empara.

Elle lui fut offerte peu de semaines après son avènement par un incident qui fit alors quelque bruit. Des délégués bulgares s'étaient mis en route au mois de décembre afin d'obtenir des cabinets européens qu'une pression fût exercée sur la Russie pour mettre un terme aux agitations et aux incertitudes dans lesquelles s'énervait leur pays. Ils avaient mission de demander la restauration du prince de Battenberg ou le droit pour la Bulgarie de se donner un souverain, sans être exposée à voir la Russie lui contester ce droit, ainsi que cela était arrivé, lors de l'élection du prince Waldemar, de Danemark, qui, pour cette cause, avait dû être annulée après coup.

Ces délégués, reçus dans la plupart des capitales, y avaient fait entendre leurs doléances. Ils se préparaient à quitter Londres après y avoir trouvé le plus encourageant accueil. Ils allaient arriver à Paris. Tous les cabinets se demandaient ce que ferait la France. M. Flourens ne laissait pas d'être perplexe. L'Angleterre lui dépêchait des émissaires officieux, plus ou moins avoués. Dans ses bureaux, parmi les hauts fonctionnaires de son administration, on lui donnait à entendre qu'il n'y avait pas lieu de tant hésiter, que le gouvernement français devait faire ce qu'avait fait le gouvernement anglais.

Mais tel n'était point son avis. Le conseil

qu'en cette circonstance, il sollicita et reçut d'un diplomate aux lumières duquel il avait parfois recours, l'encourageait dans une politique contraire à celle que les Anglais cherchaient à faire prévaloir. Les lettres de M. de Laboulaye lui tenaient le même langage que ce diplomate. Il se décida, et, ayant reçu les délégués bulgares auxquels il lui eût été difficile de fermer sa porte, il les engagea assez durement à se pourvoir auprès de la Russie, stérilisant ainsi les résultats qu'ils attendaient de leur tournée à travers l'Europe.

Cette conduite toucha profondément le tsar Alexandre. Elle contribua, plus que tout autre événement, à lui faire oublier et l'affaire Hartmann toujours présente à son esprit, bien qu'elle se fût passée sous le règne de son père, et le rappel du général Appert. Il témoigna chaleureusement sa satisfaction à notre ambassadeur, lui marqua, dès ce jour, une confiance plus grande, que vinrent accroître successivement divers faits qui seront mentionnés à leur heure.

Ces heureux résultats étaient dus non seulement à de bons serviteurs du pays, mais encore à M. de Mohreinheim à Paris, et, à Saint-Pétersbourg, à M. de Giers, en qui notre ambassadeur ne cessait de trouver un ardent désir de favoriser le rapprochement qui s'opérait entre les deux pays.

Il s'en fallait de beaucoup, cependant, qu'à Paris les choses marchassent toutes seules et que dans le gouvernement, les actes de M. Flourens fussent unanimement approuvés. Parmi ses collègues du cabinet, il n'en était qu'un, le général Boulanger, qui pensât comme lui, et fût résolument rallié à la cause de l'alliance franco-russe. Mais, cette cause qu'il voulait par trop faire sienne, il la défendait de manière à la compromettre et non à la servir, comme, par exemple, lorsque, contrairement à tous les usages, il avait écrit à l'Empereur en son nom personnel, et pour solliciter l'alliance de la Russie, une lettre qui fut heureusement arrêtée avant d'avoir été expédiée.

Averti par hasard, non seulement M. Flourens empêcha la lettre de partir, mais encore il fit connaître cet incident à l'ambassadeur d'Allemagne, afin d'éviter que M. de Bismarck, s'il en avait connaissance par ses agents, n'y vît une provocation de la France. Le danger qu'avait un moment créé le ministre de la Guerre fut ainsi conjuré. Mais un tel collaborateur ne pouvait être d'aucun secours à M. Flourens. Ses autres collègues restaient indifférents à ses vues, feignaient de ne pas les considérer comme réalisables.

Quant à M. Grévy, elles avaient le don de l'horripiler, dès qu'il en était question devant lui :

— Vous n'aurez pas plus la Russie que vous n'avez eu l'Allemagne, disait-il. Personne ne veut de nous, ni l'Angleterre, ni l'Italie, ni l'Autriche, et c'est tant mieux, puisque nous n'avons besoin de personne. Résignons-nous à ne pas plus compter que la Suisse. Si nous restons tranquillement chez nous, on ne viendra pas nous y attaquer.

Il ne se départit jamais de ce scepticisme si cruellement injurieux pour le pays dont il était la représentation constitutionnelle et vivante auprès des États étrangers. Au moment de l'affaire Schnœbelé, en ces heures émouvantes, où le sang-froid public, secondant l'action gouvernementale, conjura le plus grand péril, M. Flourens ayant cru de son devoir de venir quotidiennement à l'Élysée afin de tenir le chef de l'État au courant des incidents qui se succédaient, fut un jour accueilli par ces incroyables paroles :

— Mon cher Flourens, vos visites me sont ordinairement agréables, mais, dans les circonstances actuelles, non. Il me semble toujours que vous allez m'apporter de mauvaises nouvelles. Venez moins souvent. J'aime mieux ne pas vous voir.

Je rappelle ces souvenirs non dans leur ordre chronologique, mais tels qu'ils se présentent à ma mémoire. Ils suffiront à faire comprendre, au milieu de quelles difficultés et avec quelle lenteur, germait la semence de l'alliance franco-russe.

II

L'esprit de suite, apporté par la France dans
ses bons procédés envers la Russie, ne tardait
pas, cependant, à produire les effets que nous
étions en droit d'en attendre. M. de Laboulaye
devenait de la part de l'Empereur l'objet des
attentions les plus courtoises. Peu à peu, en
toute occasion, il constatait chez le souverain
aussi bien que chez le ministre, M. de Giers,
avec qui il était plus souvent en rapports, un
redoublement de confiance. Les relations entre
la chancellerie russe et l'ambassade française
se faisaient de plus en plus intimes et cordiales,
facilitaient la solution des affaires. Il fut sensible que l'Empereur avait en vue d'être agréable
à notre pays et de témoigner de son bon vouloir
à notre gouvernement.

On aurait tort de croire cependant qu'il eût
déjà conçu le projet de s'allier effectivement

à la France. La politique, dont il entendait alors
ne pas se départir, se révéla clairement, dès les
premières semaines de 1887, lorsque le Reichstag allemand, ayant refusé d'accorder à M. de
Bismarck, pour plus de trois ans, les augmen-
tations d'effectifs et de crédits, qui lui étaient
demandées pour sept années consécutives, sa
dissolution fut prononcée. C'était une occasion
pour le chancelier de créer par toute l'Allemagne une agitation électorale, et de peser sur
les électeurs, en accentuant les propos injustes
et comminatoires pour la France, qu'il avait
tenus en vain devant le Reichstag, à l'effet de lui
arracher, sous la pression de l'effroi, un vote
conforme à ses désirs.

La presse officieuse de Berlin fit grand bruit
des prétendus armements de la France, de la
forte situation du général Boulanger « devenu
inattaquable », de sa volonté non dissimulée
d'entraîner notre pays dans une guerre de revanche. Ces choses avaient été déjà dites aux
députés allemands et les avaient laissés assez
insensibles. Après la dissolution qui fut le châ-

timent de leur résistance, elles furent répétées aux électeurs.

En même temps, M. de Bismarck adressait à la Russie ses sourires les plus engageants : « Je suis indifférent aux affaires d'Orient, insinuait-il, faites en Bulgarie ce que vous voudrez et laissez-moi libre en Occident. » Sans attendre réponse à ces insinuations, il activait les préparatifs militaires, constituait les cadres de nouveaux bataillons et les envoyait en Alsace-Lorraine comme pour nous provoquer.

Un frémissement belliqueux agitait alors toute l'Europe qui se défiait également de la France et de M. de Bismarck. Un conflit sur le Rhin, chacun le comprenait, serait le signal d'une conflagration générale. Partout, on se préparait à la guerre; on redoublait d'activité dans les armements. En Russie, en Autriche, en Hongrie, des concentrations de troupes s'opéraient. La Belgique se fortifiait sur la Meuse.

La France seule restait immobile et dissimulait ses craintes sous une impassibilité voulue, en dépit d'accusations et de précautions que nul fait n'avait justifiées. Ne voulant paraître à aucun degré les avoir encourues, elle se refusait même à envoyer des troupes sur sa frontière où, d'une minute à l'autre, cependant, elle pouvait être attaquée, M. Flourens, à qui restait la ressource de prendre, par la voie diplomatique, l'Europe à témoin de la loyauté de notre conduite et de la fausseté des griefs de M. de Bismarck, gardait le silence, ne dictait aucune démarche à ses ambassadeurs.

A Saint-Pétersbourg, M. de Laboulaye, qui avait pu apprécier le bon vouloir de l'Empereur pour la France, s'étonnait d'être laissé sans instructions. Un jour, dans un entretien avec M. de Giers, il prit sur lui de poser délicatement, sous les formes les plus réservées et les plus vagues, une grave question : « Si la France était attaquée, que ferait la Russie? » De la réponse qu'il reçut, il tira la conviction que le cabinet de Saint-Pétersbourg, en ce cas, « dirait son mot ».

Il fit part aussitôt de sa démarche à M. Flourens. Le ministre la désapprouva. Si l'Allemagne apprenait que nous avions sollicité l'appui du cabinet de Saint-Pétersbourg, n'en prendrait-elle pas prétexte pour se prétendre menacée? Le danger que nous voulions éviter, ne l'aurions-nous pas nous-mêmes provoqué? Il est vrai que, quelques jours après, M. Flourens, sous l'empire de ce danger grandissant, dictait à M. de Laboulaye, de la manière la plus pressante, une nouvelle démarche auprès de M. de Giers. Il disait même à l'un de ses familiers :

— Notre salut est dans les mains de Laboulaye.

Mais déjà la Russie avait laissé clairement entrevoir son opinion. En réponse aux insinuations de M. de Bismarck, elle avait déclaré que devant les événements dont l'Occident paraissait devoir devenir le théâtre, elle entendait se tenir en état de s'y mêler et, conséquemment, ne pas s'engager en Orient.

« La question bulgare ne s'enfuira pas, disait un journal russe; nous la retrouverons plus tard. » Et commentant ces paroles, l'organe officieux, le *Nord*, ajoutait : « Ce qui nous intéresse par-dessus tout, c'est de savoir quel rôle serait le plus avantageux pour la Russie, dans le cas où viendrait à éclater un conflit franco-allemand. »

Examinant la double hypothèse d'une alliance avec l'Allemagne et d'une alliance avec la France, la feuille russe exposait que la Russie n'avait pas plus le droit de spéculer sur la situation menacée de la France, en achetant aux dépens de celle-ci l'appui de l'Allemagne en Orient, qu'elle n'avait intérêt à se lancer dans une aventure contre cette dernière puissance, au profit de la France. Désireuse avant tout de maintenir la paix et l'équilibre européen, elle ne voulait pas compromettre sa sécurité par une alliance avec qui que ce fût. Son intérêt et son honneur lui commandaient, en prévision d'un conflit où le vaincu pourrait être la France, de rester en état d'empêcher l'anéantissement de ce pays par l'Allemagne. A cet effet, elle devait se trouver les mains libres au moment décisif et pour cela n'être engagée envers aucun des deux pays. Conclusion : elle se réservait sur les questions bulgares et elle attendait, l'arme au pied, les yeux fixés sur l'Occident.

Telle est et telle sera, jusqu'en 1890, la politique russe. Le Tsar reste, entre la France et l'Allemagne, comme un arbitre impartial, également ami des deux parties, sans se croire obligé cependant à ne pas prendre certaines précautions que chacune d'elles est libre d'interpréter à son gré.

Cette attitude est considérée comme si rassurante pour le maintien de la paix que, lorsque au mois d'avril, se produit l'incident Schnœbelé, quelque émotion qu'il cause en France, il n'est pas regardé en Europe comme devant aboutir à la guerre.

— Ne vous troublez pas pour si peu, dit le baron de Mohreinheim à M. Flourens. En Russie, sur nos frontières, nous avons, à tout instant, des incidents analogues. On nous enlève des sujets russes, nous enlevons des sujets étrangers et cela finit toujours par s'arranger.

En France, toutefois, l'incident pourrait prendre une autre tournure, si le ministre par son adresse, la population par son sang-froid, ne déjouaient les intentions provocatrices de l'Allemagne.

Ces divers faits achèvent de créer entre la Russie et nous un état permanent de confiance réciproque et M. Flourens est fondé à dire, comme il le dit alors, que nous sommes en excellente posture à Saint-Pétersbourg. Ce grand résultat, constaté tout à son honneur, il est intéressant de raconter quel usage il en va faire.

Le 11 août 1887, le prince Ferdinand de Cobourg a pris possession du pouvoir en Bulgarie, malgré les protestations de la Russie, de la France et de l'Allemagne, malgré celles même de la Turquie. L'Angleterre, l'Autriche et l'Italie ont aussi protesté, mais si mollement que le nouveau souverain peut tirer de leur attitude des motifs de persévérer dans la résolution qu'il a prise de tenir tête à l'Europe. Quelques jours plus tard, et tandis que s'agite, en raison de cet événement, la diplomatie européenne, le Tsar, ainsi qu'il le fait tous les ans, est parti pour

Copenhague d'où il est allé, le 26, s'installer au château de Fredensborg.

A cette heure, de graves rumeurs commencent à circuler. On raconte que l'Italie qui, dans cette question bulgare, a pris position contre la Russie, opère un rapprochement avec l'Allemagne et l'Autriche, plus étroit que par le passé. Quel qu'ait été le caractère de cette entente de 1883, dont il a été parlé plus haut et sur laquelle la lumière n'a jamais été entièrement faite, il s'agit maintenant de la rendre plus effective. S'il n'y a pas eu alliance alors, on la fera ; s'il y a eu alliance, on la renouvellera et l'Italie qui, jusqu'à ce jour, alliée ou non, a eu quelque peu le rôle d'un mendiant à qui on donne, mais en le laissant à la porte, sera admise dans le concert des deux puissances devenues, l'une subrepticement, l'autre ouvertement, de plus en plus hostiles à la Russie. Les intrigues bulgares semblent être le terrain qu'a choisi cette hostilité pour s'exercer. On peut donc se demander quel jeu joue M. de Bismarck, quel est son sentiment véritable sur cette question bulgare, à propos de laquelle, après avoir pris position dans le même sens que la Russie, il se rapprocherait maintenant de l'Autriche et de l'Italie dont la politique est contraire à celle du cabinet de Saint-Pétersbourg.

Les rapports qui parviennent à M. Flourens se font l'écho de ces rumeurs recueillies un peu partout à travers l'Europe. Ils en démontrent la vraisemblance. A défaut même des bons procédés que nous avons eus envers le cabinet de Saint-Pétersbourg, ils expliqueraient pourquoi celui-ci se montre si prodigue d'attentions envers nous.

C'est dans ces circonstances qu'une communication assez bizarre est faite à M. Flourens, par un personnage dépourvu de tout caractère officiel, mais qu'on sait initié aux secrets des chancelleries diplomatiques et très habile à les pénétrer. Chargé, par le général Boulanger, de diverses missions secrètes en Allemagne et en Belgique, il apporte à M. Flourens, en lui proposant de les lui vendre, divers documents manuscrits, qu'il dit être des originaux relatifs aux affaires bulgares.

Entre ces documents, il en est au moins deux d'une importance capitale. L'un est une lettre écrite par le prince Ferdinand à la comtesse de Flandre, belle-sœur du roi des Belges et de laquelle il résulte que M. de Bismarck, tandis qu'officiellement il s'est prononcé contre lui, l'encourageait sous main à résister à la Russie en lui donnant à entendre qu'il le soutiendra dans sa résistance. L'autre de ces documents consiste en une note sans signature que, dans la même lettre, le prince Ferdinand affirme avoir été rédigée et expédiée par l'ambassadeur d'Allemagne à Vienne et qu'il a fait tenir à la comtesse de Flandre pour lui prouver que lorsqu'il exprime l'espoir d'être appuyé quelque jour par Berlin, il ne s'illusionne pas.

« Il est évident, est-il dit dans cette note, que le moment viendra où, quelque défavorables ou même hostiles que puissent paraître en ce temps les actes de la politique allemande vis-à-vis de l'entreprise de Votre Altesse, les sentiments que le gouvernement de Berlin nourrit en secret pour le succès de son action monarchique en

Bulgarie pourront éclater au grand jour et avoir ainsi toute l'efficacité attachée à l'action ouverte et décidée d'un puissant Empire. »

Comment le personnage qui vient offrir ces documents se les est-il procurés? C'est ce qu'il se garde bien de dire, ou s'il le dit, c'est après avoir demandé au ministre un secret rigoureux que celui-ci s'est engagé à ne pas trahir. Il fait d'ailleurs remarquer qu'ils portent les caractères de l'authenticité la plus incontestable. Aux yeux de M. Flourens, ils ont un autre mérite. Ils sont vraisemblables et confirment, en leur teneur si précise, ce qu'il savait vaguement déjà par les rapports de ses agents. Néanmoins, on ne saurait contester que celui qui les détient se les est procurés par des moyens inavouables, que peut-être ils ont été soustraits frauduleusement dans les papiers de la comtesse de Flandre.

Le but eût-il été patriotique, le soupçon qui s'attache à leur origine ne permet pas d'en faire usage diplomatiquement. Un diplomate de carrière les repousserait et refuserait de s'en servir.

Mais M. Flourens, outre qu'il les tient pour authentiques, n'est pas un diplomate de carrière. Il apporte dans l'exercice de ses hautes fonctions une impressionnabilité naturelle, une vivacité toute prime-sautière, voire un certain goût pour les résolutions aventureuses et les négociations poursuivies en marge du personnel des agents officiels. Il en existe une preuve qui trouve ici sa place : la manière dont, à une date récente, il a traité en dehors des voies régulières, avec le gouvernement anglais, la question des Nouvelles-Hébrides et celle de la neutralisation du Canal de Suez.

Trouvant que les pourparlers engagés à Londres, sur ces deux points, par M. Waddington trainaient en longueur, il profite, pour en hâter le dénouement, du séjour que fait à Dieppe, à la fin de l'été, le chef du gouvernement anglais, lord Salisbury.

Cet homme d'État montre aussi quelque impatience des lenteurs qu'entraîne la manière d'être de notre ambassadeur.

— Ce pauvre Waddington, a-t-il dit, a tellement tout embrouillé que nous ne sommes plus d'accord sur rien.

Je ne cite le mot que pour en faire ressortir l'injustice, car, on ne peut que louer un ambassadeur de l'application qu'il apporte dans la défense des intérêts qui lui sont confiés.

Quoi qu'il en soit, pressé d'en finir, M. Flourens envoie à Dieppe, secrètement, le comte de Chaudordy et, en quinze jours, à l'insu de l'ambassadeur officiel, l'envoyé officieux termine avec le ministre britannique ces importantes affaires par des solutions amiables dont ce dernier, une fois rentré à Londres et sur la demande de M. Flourens, se donne l'air de prendre personnellement l'initiative. Il les soumet à ce titre à l'agrément du gouvernement français pour ménager les susceptibilités de l'honorable M. Waddington.

C'est dans des circonstances non moins anormales qu'un jour, le ministre demande à ce dernier sa démission et lui envoie, à cet effet, dans l'Aisne où il le sait en congé, son chef de cabinet qu'il charge de la lui rapporter. M. Waddington, très naturellement et avec raison, refuse d'obtempérer à cette étrange mise en demeure. Il est souffrant d'une chute faite à la chasse. Dès qu'il sera rétabli, il se rendra à Paris, verra le ministre.

Au reçu de cette réponse, M. Flourens s'impatiente, renvoie son messager à M. Waddington. Cette démission, il la lui faut. Si l'on s'attarde à la lui refuser, il la considérera comme donnée. Alors M. Waddington cède, en se réservant seulement un délai de trois mois; mais, comme il prévoit qu'on ne le lui accordera pas, il écrit à ses amis de Paris, les prie d'agir auprès du Président de la République, si bien que lorsqu'un matin, M. Flourens arrive à l'Élysée pour présenter à la signature du chef de l'État le décret qui donne un successeur à M. Waddington, il reçoit cette réponse.

— Mais, puisqu'il ne veut qu'un délai de trois mois, on ne peut guère le lui refuser... Attendons.

Les trois mois devaient durer cinq ans.

A ces traits, on devinera, sans qu'il soit néces-

saire d'insister, que M. Flourens n'est pas homme
à se laisser arrêter par ce qu'offre d'irrégulier
la forme sous laquelle lui sont communiqués
les documents bulgares. En les examinant, il a
conçu tout un plan. Il les fera passer sous les
yeux du Tsar. Il est convaincu que tels qu'ils
sont et réunis à d'autres qu'il possède déjà, ils
auront pour effet de briser le lien qui attache
encore la Russie à l'Allemagne. Dans cet espoir,
il les achète. Puis, comme pour les transmettre
à qui de droit, on ne saurait recourir à la voie
officielle, il les expédie à Copenhague par une
personne sûre qui doit les déposer entre les
mains du prince Obolenski que ses fonctions à
la cour mettent à toute heure en rapport avec
l'Empereur.

Ce programme est exécuté à la lettre. Les
documents arrivent à leur auguste destinataire,
qui ne met pas en doute un seul instant leur
parfaite authenticité. Il croit à ce point y saisir
sur le vif les preuves non équivoques de la
duplicité de M. de Bismarck, qu'il ne dissimule
pas l'expression de son mécontentement. A

quelques jours de là, il quitte Copenhague avec
sa famille pour rentrer en Russie. Mais, à cause
d'un de ses enfants encore malade de la rou-
geole, il renonce à faire la route par mer et
passe par Berlin où il s'arrête le 18 novembre.
Il y reçoit la visite du chancelier. Celui-ci saisit
cette occasion pour protester du désir de l'Allemagne de seconder en Bulgarie l'action de la
Russie. Il le fait avec une chaleur pénétrante et
communicative. Mais, brusquement, l'Empereur
l'arrête et lui présentant les documents bulgares :

— Alors, que signifie ceci? demande-t-il.

M. de Bismarck se trouble, parcourt les papiers et répond :

— Ces pièces sont apocryphes, sire, et je
m'engage à en fournir prochainement la preuve
à Votre Majesté.

L'Empereur est loin de paraître convaincu.
La suite de l'entretien se ressent de la défiance
qu'il conserve en dépit des protestations de son
interlocuteur.

Les documents étaient-ils vrais? Étaient-ils
faux? Je l'ignore, et m'en tiens à mentionner

qu'il est admis dans le monde diplomatique que M. de Bismarck est parvenu, ultérieurement, à établir leur fausseté. Ce qu'on ne conteste pas, c'est que, en tant que révélateurs de l'attitude hostile, prise par le chancelier envers la Russie et de ses dispositions en vue de l'avenir, ils constituaient l'expression de la vérité.

Indépendamment des intrigues souterraines nouées avec l'Italie pour lui donner, dans la Triple-Alliance, la place de la Russie qui venait d'en sortir, cette hostilité, déjà, s'était ouvertement manifestée sous deux formes, d'abord par certaines mesures prises par le gouvernement allemand contre les fonds russes, pour lesquels la Russie était alors sous la dépendance du marché de Berlin, ensuite par l'invitation qu'avait adressée M. de Bismarck à M. Crispi de venir conférer avec lui à Friedrichsruhe.

L'entrevue entre les deux hommes d'État avait eu lieu le 1er octobre. Raisonnant dans l'hypothèse d'une guerre avec la France, M. de Bismarck avait dit à M. Crispi :

— Il n'y a plus guère possibilité pour nous

de grosses compensations territoriales. Il ne s'en présentera de réelles et de faciles que pour nos alliés. La disparition de la France comme grande puissance est le gage de longues années de paix pour l'Europe.

Dupé par ce langage, M. Crispi se crut au bout de ses peines et à la veille de la guerre. Une fois encore, cet espoir devait être déçu. Il n'en est pas moins vrai que l'accession définitive de l'Italie à l'alliance austro-allemande date de ce jour-là comme date des événements que nous racontons, la résolution prise par la Russie d'exercer, à son heure et dans sa plénitude, sa liberté d'action reconquise. Cette résolution, le Tsar la manifeste en opérant en Pologne d'importantes concentrations de troupes. Si la Triple-Alliance est conclue contre la France, il veut se tenir prêt à toutes les éventualités, conformément au programme qu'il s'est tracé et que le *Nord* a fait connaître à l'Europe; et quand, au mois de décembre, les journaux autrichiens donnent ces armements comme une menace contre l'empire austro-hongrois, les journaux

officieux russes répondent que la Russie ne se
prêtera pas à subir des interrogations à tout
instant sur ses mesures militaires. Elle a le
droit de faire tout ce qu'elle juge nécessaire à
sa sécurité.

III

Parmi les incidents qui se produisirent sous
le ministère de M. Flourens, il en est un autre
qui mérite aussi une mention spéciale. Il four-
nit à la France l'occasion de rendre un très
important service au Saint-Siège et sans doute
contribua, dans une large mesure, à hâter l'éclatante manifestation des sentiments de Léon XIII
pour notre pays.

C'était dans les dernières semaines de 1887,
en même temps que les événements qui viennent d'être racontés. A Rome, on préparait la
célébration du jubilé-sacerdotal du pape. Le
gouvernement pontifical avait considéré qu'il

était politique et utile à ses intérêts de provoquer, à cette occasion, une manifestation solennelle des sentiments de déférence du monde civilisé à son égard.

Tour à tour, tous les États avaient promis de favoriser cette manifestation qui devait, dans la pensée du Saint-Siège, tourner à l'avantage de son influence. De toutes parts, allaient affluer à Rome des ambassades extraordinaires, des présents, d'innombrables députations de catholiques. C'était bien ce que le pape avait rêvé et voulu. Ceux qui l'approchaient alors ont pu dire combien il était heureux d'avoir réalisé cette conception, véritablement digne de la haute clairvoyance dont il avait déjà donné et a donné depuis tant d'autres preuves.

A ce bonheur non dissimulé, il y avait, cependant, une ombre. Dans le concert d'hommages qui se préparait, la voix de la Russie faisait défaut. La situation entre le Saint-Siège et la Russie n'a jamais cessé d'être délicate et difficile. Rome n'accrédite des nonces qu'auprès des gouvernements catholiques et n'a jamais eu, par conséquent, de représentant à Saint-Pétersbourg.

Saint-Pétersbourg, en revanche, a eu long-temps un représentant à Rome, chargé de veiller aux intérêts des pays catholiques incorporés à l'empire russe et, notamment, de la Pologne. Mais, en 1887, cette représentation limitée aux choses religieuses n'existait même plus.

Sa suppression datait du pontificat de Pie IX, de l'époque où ce pape, ardent à défendre la nationalité polonaise, avait blessé au cœur le souverain russe. Toutes relations, depuis ce temps, étaient suspendues. Aucune des questions qui jadis les justifiaient, n'était plus ni résolue ni même examinée. Les évêchés polonais restaient vacants et les catholiques de ces pays n'avaient plus aucun moyen de correspondre officiellement avec leur chef spirituel.

Au moment de son jubilé, Léon XIII comprit qu'une occasion s'offrait à lui de renouer les rapports interrompus. Il conçut le désir de voir l'empereur de Russie suivre l'exemple des autres souverains. Mais ce désir, il était impuissant à le lui faire connaître. C'est dans ces circonstances que, considérant toujours la France comme la fille aînée de l'Église, il songea à recourir à elle. Peut-être, aurait-il pu recourir à une autre puissance catholique, à l'Espagne ou à l'Autriche. Mais, outre qu'il n'était pas aussi sûr de réussir par cette voie que par l'intermédiaire de la France, il eut sans doute la pensée de la servir auprès du Tsar, par le choix qu'il faisait d'elle pour arriver jusqu'à lui.

Alors, comme aujourd'hui, elle avait, en qualité d'ambassadeur à Rome, M. Lefebvre de Béhaine. Mandé par le Saint-Père, confident de ses perplexités et de ses désirs, ce diplomate avait un trop grand sens des intérêts politiques de notre pays, pour ne pas accepter, au nom de la France, de rendre le service qu'on lui demandait. Il en référa aussitôt à son gouvernement.

Il ne m'a pas été possible de vérifier la date précise à laquelle la dépêche de M. Lefebvre de Béhaine arriva à Paris, si ce fut sous le ministère Rouvier et quand M. Grévy était encore président de la République ou sous le ministère Tirard, qui prit le pouvoir le 12 décembre, peu de temps après l'élection de M. Carnot. Mais le fait présente peu d'importance en soi, puisque c'est M. Flourens qui, dans l'un et l'autre cabinet, détenait le portefeuille des Affaires étrangères et dut, à ce titre, décider s'il convenait de donner une suite à la demande de notre ambassadeur au Vatican.

La dépêche de M. Lefebvre de Béhaine le trouva dans les dispositions les plus favorables. Il n'hésita pas à la communiquer à notre ambassadeur à Saint-Pétersbourg, M. de Laboulaye, en le faisant, ainsi qu'il convenait, juge de l'opportunité qu'il pouvait y avoir à entrer dans les vues du Saint-Siège.

Mais, ne pouvant se dissimuler le péril auquel il aurait exposé le ministère dont il faisait partie, s'il avait laissé se répandre le bruit que le gouvernement français se faisait l'intermédiaire du Pape auprès du Tsar, il garda cette affaire rigoureusement secrète, tout au moins vis-à-vis des Chambres. Personne ne fut mis au courant, si ce n'est peut-être ses collègues du cabinet. C'est à dessein que je dis peut-être, car rien n'est moins sûr. Qu'eût dit la majorité d'alors, si on lui eût révélé que le gouvernement se faisait le serviteur du Pape? Les fractions avancées du Parlement ont renversé des ministères pour moins que cela.

Quoi qu'il en soit, M. de Laboulaye, mis au courant des choses, n'hésita pas à s'en ouvrir au ministre russe, M. de Giers, qui connut ainsi le désir de Léon XIII et s'empressa d'en faire part à l'Empereur. Au jour fixé pour la célébration du jubilé, c'est-à-dire le 1er janvier 1888, Alexandre III envoyait au Vatican un télégramme de félicitations dont le Saint-Père fut aussi profondément touché qu'avait été surpris le gouvernement impérial en voyant la République française se faire auprès de lui le porte-parole de la papauté.

Quinze jours plus tard, Léon XIII ayant répondu au Tsar, recourut de nouveau à la France pour faire tenir sa lettre. Elle parvint à sa destination par la même voie : MM. Lefebvre de

Béhaine, Flourens et de Laboulaye. Le Pape y abordait résolument les difficultés pendantes depuis si longtemps entre Rome et Saint-Pétersbourg, et dans un esprit si conciliant que le Tsar se déclara prêt à tout faire pour mettre un terme à ces dissentiments. Bientôt, il envoyait à Rome un chargé d'affaires officieux, qui y est resté depuis, et grâce auquel ont été réglées, au gré des deux parties, les questions litigieuses qui les divisaient.

Ce résultat, auquel le pape attachait un si grand prix, il le devait au gouvernement français. Il était incapable de l'oublier. Il ne semble pas, cependant, qu'aucune occasion, postérieurement à ces faits, se soit offerte à lui de plaider auprès du Tsar la cause de la France et c'est exagérer son rôle de dire qu'il a été « le premier et le principal promoteur » de l'alliance franco-russe. Ce que je viens de raconter prouve qu'elle était déjà en bonne voie, quand le Pape avait recouru à la France pour s'assurer une communication avec le Tsar.

Mais, ce qui est vrai, c'est que ce dernier

n'a pu trouver dans la sollicitude que nous a témoignée Léon XIII que de nouveaux motifs de persévérer dans la conduite que lui-même s'était tracée déjà envers notre pays.

Ce fut-là le dernier épisode du ministère Flourens. Il en couronne dignement l'histoire et permet d'affirmer, qu'au point de vue de notre politique extérieure, ce ministre est de beaucoup le plus heureux parmi ceux qui ont gouverné la France de 1877 à 1890. En moins de seize ans, quatorze ministres se sont succédé au quai d'Orsay sans compter M. Casimir-Perier, le dernier venu. Aucun n'a mieux compris que M. Flourens ce que commandait l'intérêt national, n'en a eu une vision plus claire et ne s'est plus résolument appliqué à en faire une réalité.

Bien qu'il n'ait pas toujours apporté, faute d'expérience professionnelle, dans le maniement des moyens diplomatiques, la réserve et la délicatesse de touches qu'ils nécessitent, tout lui a réussi. On ne saurait sans injustice lui contester le mérite d'avoir jalonné solidement la route qui fut suivie ensuite. Ce fut d'autant plus

méritoire que des trois présidents du conseil
sous lesquels il eut le portefeuille, MM. Goblet,
Rouvier et Tirard, nul n'entendait de la même
manière que lui la direction de nos affaires
extérieures.

Le cabinet Tirard dont il faisait partie dut se
retirer à la fin de 1888. Le 3 avril, M. Floquet
devint président du conseil. Il donna le portefeuille de la Guerre à M. de Freycinet qui devait
le conserver, malgré les changements ministé-
riels ultérieurs, jusqu'en 1893, ce qui est important à noter, car, dans l'exercice de ses fonctions, M. de Freycinet, assagi par l'expérience,
comprenant mieux les intérêts francais, contribua, dans la plus large mesure, ainsi qu'on le
verra bientôt, à prouver au gouvernement russe,
par des preuves multiples de bon vouloir, que
nous étions résolus à marcher d'accord avec
lui.

En montant au pouvoir, M. Floquet avait
d'abord songé à prendre pour lui le portefeuille
des Affaires étrangères. Mais, le bruit s'en étant
répandu, l'ambassadeur de Russie, M. de Moh-

reinheim, n'hésita pas à sortir de la réserve qu'il avait toujours rigoureusement observée, en ce qui touche la politique intérieure. Il rappela les événements de 1867, l'injure faite alors par M. Floquet à l'empereur de Russie, et laissa comprendre combien ce souvenir rendrait délicats les rapports quotidiens que sa fonction l'obligeait à entretenir avec le ministre des Affaires étrangères. Il alla même jusqu'à les déclarer impossibles. L'observation fut entendue et comprise, et M. Goblet eut le portefeuille.

Il ne le conserva que jusqu'au 22 février de l'année suivante. A cette date, M. Tirard redevint président du conseil et appela M. Spuller au quai d'Orsay. Cette combinaison nouvelle ne devait durer que treize mois. Elle eut pour principal effet de préparer l'avènement de M. Ribot.

Durant les deux années qui le précédèrent, le rôle de M. de Laboulaye à Saint-Pétersbourg ne fut pas toujours aussi facile que du temps de M. Flourens, non pas que le Tsar se fût montré choqué au même degré que son ambassadeur par l'arrivée de M. Floquet aux affaires, — il le prouva bien en ordonnant à M. de Mohreinheim de ne pas persister à faire grise mine au président du conseil, — mais parce que l'idéal politique de ce dernier et de M. Goblet différaient du tout au tout de celui de leur prédécesseur.

Pendant cette période, l'action persévérante de M. de Laboulaye à Saint-Pétersbourg fut contrariée à Paris de la manière la plus malheureuse et la plus éclatante par les violences qui, sur l'ordre du gouvernement français, furent exercées contre la mission Atchinof, à Sagallo, dans les possessions françaises de la côte africaine.

Cette mission n'avait rien de politique. Composée de quelques popes recrutés par le cosaque Atchinof, d'hommes, de femmes et d'enfants, elle poursuivait un but purement religieux : la propagande de la religion grecque orthodoxe et de l'influence russe en Abyssinie. Mais, ce qui donnait quelque importance à l'événement, c'est que Atchinof annonçait l'in-

tention d'aborder en Abyssinie par le territoire
français, et que si nous le laissions arriver par
cette voie, les Italiens pouvaient nous demander
compte de notre tolérance dans le cas où elle
leur attirerait des difficultés dans leurs établissements de Massouah. La France se trouvait
donc placée entre le risque de déplaire à la
Russie et celui de déplaire à l'Italie.

La difficulté cependant n'était pas insoluble.
Il suffisait pour s'en tirer d'un peu d'habileté. Mais, l'habileté fit défaut à M. Goblet. Se
contentant d'une déclaration du gouvernement
russe par laquelle ce dernier se désintéressait
officiellement du sort de la mission Atchinof,
perdant de vue combien sont ardentes et promp-
tes à s'éveiller les susceptibilités religieuses
du peuple russe, il ne se préoccupa que d'être
agréable aux Italiens. Ce fut, dit-on, à l'instigation de M. Floquet, conseillé lui-même par son
beau-frère, M. Mariani, qu'il avait récemment
nommé ambassadeur de France auprès du gouvernement italien et qui vivait dans l'intimité
de M. Crispi. Peut-être, celui-ci avait-il vu là

une occasion de provoquer une brouille entre la Russie et la France. Bien des gens en sont restés convaincus et leur opinion, a tout au moins, pour elle la vraisemblance.

Quoi qu'il en soit, le gouvernement français décida de s'opposer au débarquement. Puis, ayant appris qu'Atchinof, trompant la surveillance des croiseurs français, avait mis pied à terre à Sagallo, près d'Obock, et s'y était installé, il donna l'ordre à l'amiral Olry, qui commandait dans ces parages, de déloger la mission, en employant au besoin la force pour l'obliger à se réembarquer.

Les instructions envoyées à l'amiral portaient qu'il devait présider lui-même à l'opération. Il eut le tort de n'en pas tenir compte. Il se contenta de les transmettre à l'un de ses subordonnés, le commandant Véron, en lui ordonnant de les exécuter avec rigueur. Le commandant Véron ne pouvait qu'obéir. Après un ultimatum envoyé, le 17 février 1889, à Atchinof, et, s'il faut en croire les rapports officiels, resté sans réponse, il lança sur Sagallo des obus qui tuèrent des femmes et des enfants.

Cette douloureuse affaire eut un retentisse-
ment énorme en Russie. M. de Laboulaye en
apprit la nouvelle à un bal de cour, de la bouche
même de l'Empereur. Il s'empressa de déclarer
que ce funeste événement n'avait pu résulter
que d'un malentendu. Le Tsar parut se contenter de cette explication. Heureusement, il n'y
avait pas de prêtres parmi les morts. Si des
popes eussent été tués, le peuple russe n'eût
pas pardonné au gouvernement français. Les
journaux de Saint-Pétersbourg et de Moscou
accusèrent l'amiral Olry d'avoir manqué de
prévoyance et d'humanité. Ils s'attachèrent à
démontrer que l'ultimatum n'avait pas été compris et qu'Atchinof se préparait à recevoir les
Français en amis, quand le commandant Véron
avait commandé le feu. Il fallut, pour arrêter
cette campagne de presse, que le *Journal officiel* russe, dans une note émanée du gouvernement, présentât l'affaire en des termes propres
à diminuer les torts de la France.

Quand l'événement avait eu lieu, M. Goblet

était encore ministre. Il ne l'était déjà plus lorsque le cabinet fut interpellé à la Chambre des députés. Son successeur, M. Spuller, répondit tant bien que mal ; on ne pouvait après tout le déclarer responsable. Il accepta un ordre du jour portant que la Chambre « s'associait aux sentiments de sympathie pour la Russie exprimés par le gouvernement ». Ce fut le dernier mot de ce pénible incident.

Pendant la durée du ministère Spuller, on put toutefois se demander dans quelle mesure étaient sincères ces sentiments de sympathie, proclamés par lui à la tribune. Sa conduite ne prouva pas qu'il fussent bien vivaces. Ce qu'il pensait de la Russie, il commit un jour l'inconcevable imprudence de le confier à un député, M. Millevoye.

M. de Mohreinheim en eut connaissance. L'honorable ambassadeur s'en offensa. Il déclara tout net qu'il ne remettrait plus les pieds chez M. Spuller. Il fallut l'intervention d'un ami commun et des explications du ministre, pour le faire revenir sur sa résolution.

Je rappelle ces souvenirs sans acrimonie. M. Spuller, par son caractère, son désintéressement, la dignité de sa vie, est de ces hommes qui ne peuvent inspirer, même à leurs adversaires, qu'estime et respect.

Au reste, c'étaient là des faits de peu d'importance, destinés à être vite oubliés. Même à supposer que l'empereur de Russie en eût eu connaissance, ils ne pouvaient le détourner de la voie politique, dans laquelle il était résolument entré.

Tout, dans sa conduite, révélait le plus sincère désir de ne pas cesser de plaire au gouvernement français et de ménager ses susceptibilités. Je ne sais si c'est à cette époque que le général Boulanger, voyageant en Suède, lui fit demander une audience. La lui accorder, c'était se donner l'air d'encourager des ambitions personnelles; la lui refuser, c'était faire injure à un soldat qui s'était toujours montré favorable à la Russie et que l'avenir pouvait mettre à la tête de la nation française. Il invoqua les usages et les convenances et répondit : « Qu'il se fasse présenter par son ambassadeur et je le recevrai. »

Le général Boulanger aurait voulu un entretien en tête à tête et non une conversation en présence d'un tiers que ses fonctions obligeaient à en rendre compte à Paris. Il renonça à se faire présenter.

C'est vers ce même temps que lisant et annotant un rapport confidentiel de M. de Giers, l'Empereur traçait en marge cette ligne qui résume ses vues : « Ne pas laisser diminuer la France. »

Il avait d'autant plus intérêt à ne pas la laisser diminuer que des rapports étroits étaient en train de s'établir entre son ministre de la Guerre et le nôtre pour opérer dans les armées et les armements russes d'importantes améliorations et que son gouvernement commençait chez nous la série des emprunts dont nous allons maintenant parler.

CHAPITRE VI

LES EMPRUNTS RUSSES EN FRANCE

Craintes de M. Wischnegradski. — Elles se réalisent. —
Débâcle de la Bourse. — M. Wischnegradski se décide à
racheter les titres de l'emprunt tombés aux mains de la
spéculation — Il se rend maître du marché. — Le Crédit
Foncier l'engage à continuer les rachats. — Ils sont continués jusqu'à concurrence de deux cents millions. —
Heureux résultats de l'opération. — Bénéfices qu'en re-
tire le Trésor russe. — Considérations générales.

I

Pour être durable, une alliance entre deux
grands peuples ne doit pas reposer uniquement
sur des sentiments; il faut aussi qu'elle ait pour
base des intérêts. S'il est vrai qu'à l'ordinaire,
dans le courant des affaires privées, on ne fait
rien pour rien, c'est encore plus vrai dans les
affaires publiques. Il n'y a de bienfaiteurs,
de leur pays que les chefs d'État et les gouvernements qui prennent pour règle, dans leur
système d'alliances, la communauté des intérêts.

C'est en s'inspirant de cette idée qu'un ban-

quier de Paris, M. Hoskier, put apporter, lui
aussi, une pierre, et je dirai même la clef de
voûte, à l'édifice que les événements, plus encore
que la volonté des hommes, étaient en train
d'édifier. Danois de naissance, mais Français
de cœur, naturalisé depuis vingt-cinq ans,
ayant figuré à ce titre parmi les défenseurs de
Paris durant le siège, connaissant à fond la
Russie et les immenses ressources qu'elle possède, M. Hoskier, depuis longtemps, s'appliquait à créer, entre ce pays et la France, ce lieu
des intérêts, le seul que ne puissent briser,
quand il a été solidement noué, les circonstances politiques et les caprices des gouvernements.

Jusqu'à ce jour, lorsque la Russie avait eu à
contracter des emprunts, elle s'était adressée à
ces groupes internationaux de banquiers, aussi
puissants par eux-mêmes que par la solidarité
qu'ils ont créée entre eux, et qui, durant longtemps, ont tenu les finances européennes dans
leurs mains. Ceux-ci souscrivaient les emprunts,
en faisaient les fonds et plaçaient après coup, à

leur heure et sans bruit, les titres dans une clientèle restreinte. Souvent même, ils les gardaient dans leur portefeuille.

C'était — qu'on me passe la trivialité de l'expression — le vieux jeu, en matière d'emprunt. Il présentait le grave inconvénient de mettre les États qui y avaient recouru, à la discrétion du prêteur, lequel donnait à ces titres la valeur qu'il lui convenait de leur donner et en circonscrivait, à son gré, le marché ici ou là, suivant que le commandait son intérêt.

C'est ainsi que, bien que la Russie eût emprunté tour à tour en Allemagne, en Angleterre, en Hollande ou même en France par la maison de Rothschild, elle avait vu passer peu à peu à Berlin le marché de ses titres et son crédit devenir tributaire de l'Allemagne.

Avec une clairvoyance remarquable, M. Hoskier et les personnes associées à ses espérances et à ses desseins, comprenaient qu'il n'y aurait de rapprochement durable entre la Russie et la France qu'autant que l'empire russe serait parvenu à secouer la tutelle financière allemande et que, quelque étroit que pût être ce rapprochement, quand il aurait été opéré, il resterait toujours subordonné aux exigences que la Russie, en vue de ses besoins budgétaires, serait tenue de subir.

En revanche, il n'en serait plus de même, le jour où le marché, transféré de Berlin à Paris, se serait élargi par un classement progressif et régulier des fonds russes dans les masses profondes de l'épargne française. Ce fut le point de départ du plan de campagne qu'arrêtèrent M. Hoskier et ses amis et des démarches qu'ils entreprirent.

Ils avaient formé entre eux un syndicat qui, par l'adjonction successive des grands établissements financiers de Paris, formait le plus merveilleux instrument de crédit, qui ait jamais été mis à la disposition d'un État.

Cependant, en dépit des offres formelles faites à Saint-Pétersbourg, des voyages de M. Hoskier en Russie, et d'un dévouement infatigable, les premières démarches restèrent sans résultat. Bien que les intéressés se fussent engagés à garder le secret, il avait transpiré. La banque allemande, avertie du péril qu'elle courait, cherchait à le conjurer et, d'abord, y réussissait si bien que, dans les derniers mois de 1887, des lettres officielles du ministre des Finances de Russie, soit qu'il ne songeât pas à emprunter, soit qu'il fût résolu à ne rien changer aux coutumes anciennes, écartaient le concours qui lui était spontanément offert.

Mais, il n'est rien de tel qu'une conviction réfléchie et un but patriotique pour protéger les hommes contre le découragement. M. Hoskier et ses amis ne se décourageaient pas, convaincus que, tôt ou tard, la force des choses amènerait la Russie à s'adresser à eux et que le succès couronnerait leurs efforts. Ils veillaient, l'arme au bras, prêts à toutes les éventualités.

Bien leur en prit.

Vers le milieu de 1888, ils étaient avertis que le ministre des Finances de Russie désirait s'entretenir avec l'un d'eux. Il les invitait à lui envoyer un mandataire autorisé à parler en leur nom et muni de pleins pouvoirs pour traiter.

Ce mandataire était tout naturellement indiqué. Ce ne pouvait être que M. Hoskier qui, le premier, avait conçu le plan qui maintenant semblait devoir aboutir. Sa connaissance des hommes et des choses de Russie, ses démarches antérieures, sa parenté avec le général Appert, naguère encore ambassadeur de France à Saint-Pétersbourg, où son souvenir n'était pas oublié, et, par-dessus tout, la haute protection qu'il pouvait attendre de l'Impératrice dont il a l'honneur d'être le compatriote, tout le désignait pour la tâche qui, d'un commun accord, lui fut confiée.

Il partit donc vers la fin d'octobre. On avait insisté à Saint-Pétersbourg pour que le mandataire dissimulât l'objet de son voyage. Il prit la recommandation assez au sérieux pour demander s'il devait faire mystère de son arrivée et se cacher.

Une dépêche chiffrée qui lui fut remise à son passage à Berlin l'engagea à n'en rien faire. On lui désignait toutefois l'hôtel dans lequel il devait descendre. On lui fournissait, en même temps, le prétexte qui l'aiderait à expliquer son voyage sans eu dire le véritable motif. En outre, la dépêche le convoquait, pour le jour de son arrivée, au ministère des Finances, à neuf heures du soir.

Lorsqu'il se présenta au rendez-vous, la cause de ces précautions lui fut expliquée. Le gouvernement russe, désireux d'entreprendre la conversion de sa dette, avait décidé de profiter de cette circonstance pour tâter, par un premier emprunt, les dispositions du marché français et pour vérifier si, comme le syndicat de Paris ne cessait de le lui affirmer, ces dispositions étaient favorables. Mais, pour que cette tentative réussît, il importait de ne pas l'annoncer à l'avance et en fait, lors de la première réunion qui fut tenue au ministère des Finances, aucun de ceux qui y assistèrent n'aurait pu dire, en y arrivant, quel en était l'objet précis.

Il n'en était pas de même lorsqu'ils en sortirent. En présence des principaux fonctionnaires de son administration et des directeurs des deux ou trois principales banques de Saint-Pétersbourg, le ministre, M. Wischnegradski, avait exposé les projets de son gouvernement. Il s'agissait d'emprunter cinq cents millions, type 4 °/₀ en or, destinés à convertir un emprunt 5 °/₀ contracté en 1877 et diverses séries d'obligations consolidées 5 °/₀ des chemins de fer.

M. Hoskier se déclara prêt, pour le compte de ses mandants, à se charger de cet emprunt et à l'émettre en France en souscription publique, par l'entremise des grands établissements de crédit. La discussion s'ouvrit aussitôt sur les conditions à fixer.

II

Il n'entre pas dans le cadre de ce récit de suivre ces débats dont le caractère technique pourrait fatiguer le lecteur. Il me suffira de dire qu'ils se prolongèrent jusque vers la fin de novembre. Ils avaient lieu en français en des séances parfois émouvantes qui commençaient à une heure avancée de la soirée et auxquelles il n'était mis fin que lorsque les négociateurs tombaient de fatigue.

Des représentants des banques allemandes avaient été admis à y prendre part. La lutte entre le marché français et le marché de Berlin s'était engagée alors, très vive de part et d'autre. Les Allemands s'efforçaient de retenir le joyau qui menaçait de leur échapper. Ils avaient trouvé en M. Hoskier un adversaire capable de leur tenir tête et qui leur disputait le terrain pied à pied. M. Wischnegradski, que sa santé compromise, par un excès de travail, a mis depuis dans la nécessité de résigner ses hautes fonctions, assistait, en juge des causes et des arguments, à cette lutte qu'il se plaisait à encourager parce qu'elle l'éclairait. Doué d'une vaste intelligence, d'un sens très net des affaires, minutieux à l'excès, n'abandonnant une question qu'après l'avoir épuisée, c'était un homme autoritaire, tout d'une pièce et prompt à affirmer sa volonté.

Un jour, interrompant un des membres de la réunion qui lui tenait tête, il lui dit :

— Je crois, Monsieur, que vous avez oublié que vous parlez au ministre d'un grand empire.

Il lui fut répondu avec déférence, mais avec fermeté, que de tels débats n'étaient possibles qu'autant que chacun de ceux qui y prenaient part aurait l'entière liberté de son opinion.

— C'est bon, fit-il, continuez.

Mais, sous ces dehors intimidants, il y avait un esprit aussi juste qu'il était clairvoyant.

N'empêche que ce furent là pour M. Hoskier des jours difficiles. Partagé entre les responsabilités qui lui incombaient et la crainte de se laisser battre par les Allemands, obligé tantôt de résister à des exigences inadmissibles, tantôt de consulter des établissements de Paris qui avaient désigné M. Charles Sautter, directeur de la Banque de Paris et des Pays-Bas pour lui répondre en leur nom, il trouva dans ce très-habile et très lucide collaborateur l'aide et les avis qui lui étaient nécessaires en ces phases critiques.

Enfin, la victoire vint faire oublier tant de cruelles angoisses et récompenser de si vaillants efforts. Aux derniers jours de novembre, l'accord était complet entre les parties. Il reçut, selon l'usage, la sanction d'un ukase impérial. Le 10 décembre, l'emprunt 4 % or, émis à 86,45 à Paris et par toute la France, était souscrit et bien au delà par 110 824 souscripteurs.

La nouvelle fut reçue à Saint-Pétersbourg avec une joyeuse émotion. Dans une audience qu'Alexandre III avait accordée à M. Hoskier, il le remercia de son concours et le félicita vivement, en souverain heureux de s'être affranchi de la tutelle du marché de Berlin.

Quant au ministre des Finances, il télégraphiait à M. Sautter : « Après avoir reçu les chiffres définitifs, je vous réitère l'expression de ma profonde reconnaissance et de mon admiration pour l'énergie et l'habileté déployées par vous et par tous les membres du syndicat français. Veuillez être mon interprète auprès des établissements et des maisons qui ont pris part à cette bataille gagnée par un effort suprême. »

Rien de plus juste et de plus mérité que ce
langage de gratitude. Il est certain que le syndicat avait bien jugé des dispositions de la France
et en avait été le fidèle interprète. Après ce premier et éclatant succès, il était démontré que
l'épargne française accordait confiance à la
Russie. Elle devait d'ailleurs, en de nouvelles
circonstances, le témoigner encore.

Dès l'année suivante, le gouvernement russe,
encouragé par les résultats obtenus, entrait
plus avant dans la voie des conversions. Réu-
nissant divers emprunts antérieurs, il les uni-
fiait en un type unique de rente 4 % or,
émis à 93 francs, et demandait un emprunt de
360 millions.

Cette fois les négociations qui précédèrent
l'émission furent moins laborieuses et aussi
plus confiantes. Des deux côtés, on se connaissait, on s'était éprouvé, et M. Hoskier eut à remplir une tâche moins ardue que n'avait été celle
de l'année précédente. D'ailleurs le succès répondit de nouveau à l'attente générale. Ce second emprunt fut souscrit aussi heureusement

17

que le premier et non moins rapidement classé.

Ces résultats ne témoignaient pas seulement de l'inépuisable richesse de la France; ils manifestaient aussi, par des actes visibles et tangibles, l'ardent désir du peuple français de se lier au peuple russe par la communauté des intérêts. Ils offraient un autre avantage : en transférant à Paris le marché des fonds russes, ils enlevaient à l'Allemagne un de ses plus puissants moyens d'action sur la Russie.

Obligés de se rendre à l'évidence en constatant les effets des victoires remportées sur eux par l'épargne française, les banquiers allemands s'efforçaient de provoquer la baisse de ces fonds, avec l'espoir que Paris serait impuissant à l'empêcher.

Mais leurs tentatives devaient être vaines. Leurs efforts furent déjoués alors comme ils l'ont été depuis. Les capitalistes français se sont de plus en plus portés sur les fonds russes, non seulement en souscrivant les emprunts émis à Paris, mais encore en achetant des titres d'emprunts antérieurs émis à l'étranger.

Il en est résulté que celui de 1888, émis à 86,45 est au-dessus de 100 francs aujourd'hui, comme celui de 1889, émis à 93 francs. L'emprunt de 1891, 3 % or, émis à 79, 3/4, a eu la même fortune. Il est à 83,50. C'est de celui-là qu'il nous reste maintenant à parler pour compléter le récit de ces négociations finan-cières, dont le succès a si largement contribué au rapprochement dont nous racontons l'histoire.

III

Il convient d'exposer d'abord divers incidents qui le précédèrent et, avant tout, de rappeler que, dans l'intervalle, la maison de Rothschild, dont la Russie tenait à ne pas s'aliéner le concours fut, par deux fois, chargée des emprunts par lesquels le gouvernement russe poursuivait la conversion de sa dette.

Le 29 mars 1889, elle émit pour sept cents

millions d'obligations 4 °/₀ or à 89,75, et, le 24 mai de la même année, pour 1 244 992 000 fr. d'obligations du même type. Bien qu'en ces deux circonstances, l'opération n'ait pas eu le même caractère populaire que les émissions faites par le syndicat des grands établissements, elle fut couronnée d'un succès égal, en prouvant que le terrain était propice à des emprunts nouveaux. Le gouvernement russe s'en souvint lorsque, en octobre 1890, il songea à en contracter un autre. Il y était, en effet, encouragé par le succès qu'il venait d'obtenir comme aussi par la situation des marchés européens, qui, de toutes parts, s'annonçait comme très favorable. Il s'était adressé au syndicat français, représenté plus spécialement cette fois par la Banque de Paris.

Le directeur de cette Banque, M. Sautter, s'apprêtait à partir pour Saint-Pétersbourg, lorsque, subitement, on apprit que son départ ne s'effectuerait pas et que l'opération était remise à une date ultérieure. Grande fut la déception du marché qui ne comprit pas d'abord de quelle cause était issue la rupture de négociations qui touchaient à leur terme.

La principale de ces causes fut bientôt divulguée : c'était la chute de la maison Baring, de Londres. Le ministre russe et le syndicat français s'étaient trouvés d'accord pour reconnaître que cette catastrophe était de nature à compromettre l'opération, à laquelle, en conséquence, il valait mieux renoncer.

Six mois après, c'est-à-dire au printemps de 1891, les négociations furent reprises par M. Wischnegradski, mais cette fois avec la maison de Rothschild dont les offres avaient été si pressantes qu'il était devenu impossible de les écarter. L'entente se fit, le traité fut signé et déjà on parlait de la date de l'émission, quand le bruit se répandit que cette émission n'aurait pas lieu.

On n'a jamais bien connu les motifs de cette invraisemblable rupture. Il est devenu de notoriété publique que la maison Rothschild, à la faveur d'une clause résolutoire, en avait pris l'initiative, à la suite d'un redoublement de

vexations contre les Juifs en Russie, et sur l'injonction des Rothschild de Londres qui refu-
sèrent de marcher si le gouvernement impérial
ne s'engageait pas à faire trêve à ces vexations.
L'Empereur aurait pris de très haut cette pré-
tention de traiter avec lui de puissance à puissance et, sur la réponse qu'il fit, le traité aurait
été rompu avant d'être exécuté.

Quoi qu'il en soit, de nouveau M. Wischnegradski se trouvait les mains libres. Il en profita pour se tourner vers le syndicat français.
Les fêtes de Cronstadt qui venaient de finir lui
en fournissaient naturellement l'occasion en
rapprochant la Russie de la France. M. Hoskier
fut mandé à Saint-Pétersbourg et se mit immédiatement en route, porteur des pouvoirs les
plus étendus.

Cet emprunt de 1891 se distingua des précédents par un trait capital. Ceux-ci, on l'a vu,
étaient des emprunts de conversion, destinés
à rembourser certains de ceux que la Russie
avait contractés à d'autres époques. Ils ne grossissaient pas sa dette consolidée. Par l'abaisse-

ment du taux de l'intérêt, ils avaient même allégé les charges annuelles que lui impose le service de cette dette.

Il en fut autrement de celui de 1891, qui devait servir à acquitter les dépenses faites et à faire pour des constructions de chemin de fer et autres travaux d'utilité publique. Celui-là ajoutait aux inscriptions du grand-livre sans en effacer aucune. Ce n'était plus une simple substitution, mais une charge nouvelle que se créait la Russie. Déjà, pour cette raison, on pouvait craindre qu'il ne rencontrât pas le même accueil de la part du public français. En outre, il venait presque immédiatement après les opérations de conversion que nous avons racontées. Les capitaux ne se lasseraient-ils pas de la persévérance avec laquelle on s'adressait à eux et n'en tireraient-ils pas des conclusions défavorables au crédit russe?

C'est cette crainte qui domina les négociations préparatoires et convainquit les négociateurs de la nécessité d'aller cette fois au combat, en des conditions nouvelles. Au cours des pour-

parlers des années précédentes, M. Wischnegradski avait été frappé par les inconvénients
que présentait la rivalité de certains établissements français. Il ne voulut rien entamer qu'a-
près s'être assuré que cette rivalité n'existait
plus. Elle s'était surtout affirmée entre la Banque de Paris et le Crédit Lyonnais. Il exigea
qu'avant tout pourparler, l'union fût faite. Il
fut compris, obéi, et l'union cimentée, au moins
en apparence, en vue de l'entreprise qu'on allait
commencer.

Par malheur, les circonstances n'étaient plus
aussi favorables qu'en 1888 et 1889. Déjà, en
1890, la récolte en Russie avait été maigre.
En 1891, c'était pire. La Russie voyait se dres-
ser devant elle deux ennemis redoutables, la
famine et le choléra. On n'en parlait guère encore. Mais, on sentait approcher le moment où
il deviendrait difficile de dissimuler la vérité.

D'autre part, les marchés européens étaient
sous l'influence de la crise Argentine. A Londres,
cette crise avait fait des victimes, notamment,
comme nous l'avons dit, la vieille maison Ba-

ring qui succombait sous le poids de ses engagements. On devait nécessairement supposer
que la banque allemande tirerait parti de cet
état de choses pour engager une partie déses-
pérée à l'effet de faire avorter l'emprunt pro-
jeté. Il convenait donc d'entourer de mystère
les négociations, et chacun s'engagea à garder
le secret.

Il fallait enfin, par tous les moyens, enclouer
les inimitiés liguées contre nous. Pour les enclouer, il ne suffisait pas seulement d'émettre
l'emprunt à un taux séduisant. On devait encore s'assurer, en France et à l'étranger, des
concours actifs.

A l'étranger, on s'assura celui de la place de
Londres par la banque Hambro et fils et celui
non moins précieux de la place d'Amsterdam
par la banque Hope. A Paris, sur le conseil de
M. Hoskier, on résolut d'obtenir celui du Crédit
Foncier.

Après la Banque de France, et en tant qu'instrument d'appel aux capitaux, le Crédit Foncier,
par la confiance légitime qu'il leur inspire,

comme par ses multiples moyens d'action, est
la plus grande puissance financière qui existe
en Europe. Seul, il peut ce que ne pourraient
pas beaucoup d'autres réunis. Qu'il consentît,
pensait-on, à ouvrir ses guichets à l'emprunt
russe, et le succès serait certain. C'est dans ce
but que M. Christophle, gouverneur de cet établissement, fut sollicité.

Il ne repoussa pas la demande qui lui était
adressée. Mais, placé sous la surveillance du
gouvernement, il ne pouvait rien décider sans
son approbation. C'était au gouvernement que
la requête devait être présentée puisque, seul,
il avait le droit de décider.

L'ambassadeur de Russie s'ouvrit aussitôt au
ministre des Affaires étrangères du désir de sa
cour, tandis que le syndicat, de son côté, appuyé par M. Wischnegradski, faisait des démarches auprès de M. Rouvier, ministre des
Finances.

M. Rouvier, jusqu'à ce jour, n'avait pas eu à
se prononcer pour ou contre l'alliance russe.
On le croyait cependant peu enclin à s'y prêter,

en raison de ses sympathies marquées pour l'Italie. Il comprit, toutefois, ce qu'aurait de grave un refus pour l'avenir de nos relations avec la Russie. Il n'entrait pas dans sa pensée de refuser. Mais il observa d'abord qu'en accordant ce qu'on lui demandait, il créerait un précédent propre à rendre ultérieurement impossible un refus à d'autres gouvernements qui seraient tentés d'imiter la Russie. Il eût préféré que le gouverneur du Crédit Foncier n'insistât pas pour obtenir une autorisation écrite. Il eût volontiers fermé les yeux. Il se serait même engagé à ne pas désapprouver. Le Crédit Foncier n'ayant pas à prendre d'engagement dans l'opération, et son rôle devant se borner, d'accord avec les établissements syndiqués, à centraliser la comptabilité de l'émission, le mouvement des fonds et la correspondance avec le ministre de Russie, pouvait rendre, sans enfreindre sa loi statutaire, le service qu'on lui demandait. M. Christophle considéra qu'une approbation indirecte du ministre des Finances ne le couvrirait pas suffisamment. Il la voulut claire et formelle. Il l'obtint le 5 octobre telle qu'il la souhaitait, c'est-à-dire « à titre purement exceptionnel et sous la réserve qu'il ne prendrait aucune participation ferme dans l'opération ». C'est ainsi que le Crédit Foncier fut amené à ouvrir ses guichets à la souscription de l'emprunt russe, autant dire à la prendre sous son patronage.

Entre temps, M. Hoskier luttait à Saint-Pétersbourg contre les influences allemandes. Comme on l'avait prévu, elles faisaient feu de toutes pièces. Mais cette fois encore, et bien qu'elles n'eussent pas désarmé, la victoire devait rester à la France, grâce à l'habileté de son mandataire. Le 29 septembre, le 17 en langage russe, l'empereur signa l'ukase approbatif du contrat. L'émission eut lieu le 15 octobre. Le taux d'émission avait été fixé à 79,75 %. Un million d'obligations de 500 francs étaient offertes au public. Il en souscrivit en France 7 522 000 et à l'étranger 302 000. L'emprunt était donc couvert près de huit fois.

Malheureusement, de cette abondance de

souscriptions résultait la preuve que beaucoup de gens avaient souscrit, non pour garder, mais pour revendre, en bénéficiant, non seulement de la hausse que semblait devoir produire un si éclatant succès, mais encore de tout ou partie du montant de la commission de cinq francs par obligation, qui était allouée, pour couvrir leurs frais, aux établissements syndiqués et que la plupart d'entre eux, pour attirer des souscripteurs en plus grand nombre, avaient commis la faute de leur rétrocéder.

En se chargeant de titres sur lesquels ils n'avaient eu qu'un infime versement à faire, ces souscripteurs, imprudemment favorisés par la rétrocession de cette commission, venaient de créer un péril tout à fait inattendu. Qu'alléchés par le gain à réaliser ou qu'empêchés de faire le second versement à son échéance, ils voulussent vendre, — et certes, ils ne pouvaient qu'y être incités par la perspective d'un bénéfice assuré, eussent-ils même vendu au-dessous du prix d'émission, — et la masse de titres qu'ils jetteraient sur le marché provoquerait la baisse non seulement de l'emprunt nouveau, mais encore de tous les autres.

Cette hypothèse, on doit croire que les Allemands l'avaient prévue, car, plusieurs jours avant l'émission, ils préparaient leur campagne criminelle en entravant les affaires auxquelles commençait à donner lieu, avant d'être émise, la nouvelle rente russe.

La présence du Crédit Foncier à la tête des banques désignées aux souscripteurs pour y faire leurs versements fut le prétexte choisi et donna lieu aux plus violentes attaques contre l'établissement d'abord, contre le crédit de la Russie ensuite.

Les conspirateurs, pour la plupart, étaient israélites et des plus considérables parmi les banquiers internationaux. Ils opéraient à la fois à Londres, à Berlin, à Paris où l'un d'eux, le baron de Bleichroeder, vint, dit-on, diriger les opérations. Le plan consistait à tuer financièrement la Russie, soit en faisant avorter l'emprunt, soit en provoquant, après la souscription, une baisse dont la prolongation ruinerait les souscripteurs.

Il est juste de mentionner que M. de Rothschild s'est toujours énergiquement défendu
d'avoir pris part à ces menées abominables. Il
alla chez le ministre des Finances, M. Rouvier,
protester contre les accusations dont il était
l'objet et dont il lui avait été dit que le baron
de Mohreinheim se faisait l'écho. M. Rouvier a
déclaré depuis que les renseignements qu'il eut
l'occasion de recueillir, vers la même époque, lui
donnèrent la certitude que les protestations de
M. de Rothschild étaient fondées et conformes à
la vérité.

IV

Au premier moment, le syndicat de Paris
n'avait pas entrevu le péril résultant de ce com-
plot ourdi dans l'ombre. Il était même si loin
de le soupçonner qu'il tomba de son haut quand
le 16 octobre, en réponse à la dépêche adressée
au ministre des Finances de Russie, pour lui

faire connaître les merveilleux résultats de la souscription, en arriva une au Crédit Foncier dans laquelle, à ses félicitations chaleureuses et à ses remerciements, M. Wischnegradski mêlait non sans mélancolie, et avec affectation, l'expression de certaines craintes et des conseils de prudence. Il demandait instamment au Crédit Foncier de prendre des mesures pour que la répartition ne fût pas faite au détriment des vrais souscripteurs et au profit de la spéculation et des vendeurs à perte.

A qui et à quoi faisait-il allusion? Telle fut la question qu'on se posa d'abord. Volontiers, en ce moment d'enthousiasme et au lendemain d'une si grande victoire, on eût objecté que l'éminent ministre ne laissait pas d'être singulièrement difficile, puisque celle du 15 octobre ne l'avait pas entièrement satisfait. Mais, on comprit bientôt les motifs des appréhensions qu'il avait manifestées et qui lui étaient inspirées par des avis venus d'Allemagne.

Mieux placé que le syndicat pour voir et pour entendre ce qui se préparait en Allemagne, il

avait vu et entendu, si bien vu et si bien entendu
que, dès le lendemain de l'émission, les craintes
qu'il avait conçues, sans les formuler aussi vives
qu'il les ressentait, se réalisèrent.

L'emprunt tombait au-dessous du prix demandé au public. En une semaine, la baisse
s'étendait sur tout le marché, et se transformait
en débâcle. La rente française reculait de 2 fr.,
le Suez de 300 fr., le Crédit Foncier de 150 fr.,
le Russe Consolidé 4 % tomba de dix points et
le nouveau 3 % s'affaissa à 73 fr., offert par
des porteurs qui, même à ce prix, réalisaient
encore un petit bénéfice, grâce à la commission
de cinq francs, déduite du prix d'achat. En même
temps, se répandaient les rumeurs les plus alar-
mantes. L'une d'elles, non moins fausse que les
autres, montrait le ministre des Finances, par
suite de l'insuccès de l'emprunt, tombé dans
la disgrâce de son souverain et brutalement
révoqué.

Cet état de choses appelait de prompts et
énergiques remèdes. M. Wischnegradski le comprit et de lui-même, sans qu'il ait pu être dé-

montré qu'elle lui eût été suggérée par autrui, il mit en avant, dans le but de relever les cours en train de s'effondrer, l'idée d'un rachat partiel, au compte du Trésor russe, des titres flottant sur le marché.

Si le Crédit Foncier eût été consulté, il n'eût pu donner de conseil plus pratique, d'une exécution plus aisée et dont le résultat fût plus certain. Aussi, s'empressa-t-il d'encourager M. Wischnegradski dans ce projet.

En réponse à son avis formellement exprimé, il reçut un premier ordre de rachat dont l'exécution, en une seule Bourse, frappa de stupeur les vendeurs déchaînés. Ils avaient cru à un triomphe facile, à une victoire sans combat, à un égorgement sans phrases. Mais on leur tenait tête. Leurs offres à vil prix trouvaient réponse. Toutefois, ils ne se découragèrent pas. Ils ignoraient que M. Wischnegradski était résolu à pousser ses rachats jusqu'à concurrence de quatre cent mille titres, c'est-à-dire de deux cents millions, et à ne cesser d'intervenir que lorsque la baisse se serait arrêtée à 77 fr.

Ce fut alors une mêlée véritablement épique, où M. Wischnegradski, secondé par le dévouement du Crédit Foncier et par les forces coalisées des banques françaises, résista au plus rude assaut qui ait jamais été livré au crédit d'un grand pays. En ces circonstances, il révélait un merveilleux tempérament.

Sa confiance envers le Crédit Foncier et son gouverneur était entière et absolue. Elle lui permettait, en envoyant ses ordres, aux deux fonctionnaires de son ministère, MM. de Plesse et Barbet de Vaux, qu'il avait accrédités à Paris, d'en subordonner l'exécution à l'appréciation de M. Christophle qui, placé plus près que lui du théâtre du combat, pouvait mieux juger dans quelle mesure, il convenait d'utiliser les ressources qu'on mettait à sa disposition. Deux cent mille titres de l'emprunt furent d'abord ainsi rachetés au prix moyen de 77 fr. A ce moment, M. Wischnegradski put se croire maître du champ de bataille. Par malheur il n'en était rien.

Livré à lui-même, le ministre eût alors arrêté ses rachats. Mais, tel n'était pas l'avis, du Crédit

Foncier. Les conseils qu'il crut de son devoir d'adresser à M. Wischnegradski sont remarquables par l'esprit de prévoyance qui les avait inspirés et ne pouvaient manquer de le convaincre. Ils se résumaient comme suit : « L'emprunt, malgré des souscriptions suspectes, est un succès incontestable. La libération des titres s'accomplit régulièrement. Les souscripteurs déclarés suspects ne sont pas tous des souscripteurs insolvables, mais des spéculateurs qui ont fait ou feront les deux premiers versements, bien qu'alarmés par les circonstances ils préfèrent réaliser et ne pas garder leurs titres. Que représentent-ils? Quatre cent mille titres au plus. Ces titres, avec nos rachats, nous en avons repris la moitié. Admettons qu'il en faille reprendre encore cent mille ou cent cinquante mille ; nous avons les moyens d'épuiser ce stock.

« Mais ce qu'il faut à tout prix sauvegarder, c'est le surplus qui se trouve placé en mains sûres, en dehors de toute idée de spéculation, dans les mains de la clientèle française des fonds Russes. Il ne faut pas que cette clientèle prenne

peur. Il ne faut pas que sa confiance justifiée
jusqu'à ce jour dans la solidité de votre crédit
diminue et que lorsque vous aurez à faire de
nouveaux appels, cette clientèle vous fasse
défaut.

« Quel risque courez-vous? Le comptant à
l'heure actuelle est excellent. En gardant et en
excitant sa confiance par la tenue solide du terme,
vous êtes sûr de lui rendre dans un délai qui ne
peut être long ce que vous allez reprendre au
marché du terme. Les vendeurs à découvert
vont vous y aider par l'exagération de leurs
opérations.

« Si faute d'aide, au contraire, le marché s'af-
faisse, vous aurez dans les mains un stock qui
immobilisera une partie des fonds de l'emprunt,
et ce n'est qu'à très longue échéance que vous
pourrez rendre au comptant le solde de vos
achats. Notre devoir est de dire jusqu'à satiété
qu'il eût mieux valu ne rien faire que de commencer cette opération si elle ne va pas jusqu'au
bout. »

M. Wischnegradski, quand il se fut rendu

compte que c'était le crédit même de la Russie qu'il s'agissait de sauver, se prêta à ce qu'on attendait de lui, après s'être convaincu que l'opération qu'on lui conseillait deviendrait nécessairement fructueuse. Par ses ordres, les rachats furent continués jusqu'à concurrence de deux cents millions.

Les effets de l'opération ne tardèrent pas à se produire. Les cours se relevèrent rapidement et, dans une suite de liquidations successives, les meneurs de la campagne de baisse expièrent cruellement leur mauvaise action. Quant au gouvernement russe, dès la seconde quinzaine de décembre, il pouvait commencer à écouler, à des prix bien supérieurs aux prix de rachat, les titres rachetés par lui et dont le Crédit Foncier était détenteur, si bien que son opération de sauvetage, lorsqu'elle toucha à sa fin, se dénouait par une réalisation de bénéfices sur lesquels il n'avait pas compté.

Telle est, en ses grandes lignes, l'histoire des emprunts contractés en France par la Russie. Ils avaient mis en relief la puissance de l'épargne française, sa confiance dans l'avenir du peuple russe, la force d'action du Crédit Foncier, l'habileté des établissements de Paris et créé entre les deux pays une chaîne indissoluble.

Depuis cette époque, les fonds russes n'ont cessé de monter. J'ai indiqué plus haut les cours qu'ils ont atteints. On compte que la France en possède à cette heure pour une somme supérieure à quatre milliards. C'est dire quelle influence la question financière a exercée et devra exercer encore sur la question politique, et combien sont solidement assis sur notre sol les fondements de l'alliance.

A défaut de tant d'autres raisons qui commandent le maintien de cette alliance, celle-là suffirait à la fortifier et à la perpétuer. Unie à la France par le lien des intérêts, la Russie ne saurait le briser sans se porter à elle-même un coup mortel. Le Crédit Foncier et les banquiers français qui ont créé cette situation rassurante méritent la reconnaissance de la patrie.

CHAPITRE VII

EFFORTS COURONNÉS

I

Tandis que les préparatifs de la campagne des emprunts rendaient plus confiants et plus étroits les rapports du gouvernement français et du gouvernement russe, ce dernier manifestait encore sous une autre forme son désir de se lier à nous. En même temps qu'il se décidait à faire appel aux capitaux français, il s'adressait à la France pour résoudre diverses questions militaires qu'il avait mises à l'étude.

M. de Freycinet était rentré aux affaires le 3 avril 1888, en acceptant dans le ministère

Floquet le portefeuille de la Guerre. La prise de possession de la direction de l'armée par un ministre civil, constituait une innovation redoutée par les uns, souhaitée par les autres. Le cabinet de Saint-Pétersbourg parut en concevoir d'abord quelque inquiétude, non qu'il blâmât l'innovation, mais parce qu'il craignait que le ministre qui l'inaugurait fût par trop enclin à subir l'influence du parti avancé, et plus spécialement, celle de M. Clémenceau.

Le chef de l'extrême gauche passait pour tout-puissant dans le gouvernement, tout aussi puissant que s'il en eût fait partie. On le savait, en outre, plus favorable à une politique anglaise et en relations d'amitié avec M. de Freycinet.

Il faut croire cependant que celui-ci, mis au courant des défiances dont il était l'objet et que ne justifiaient que trop divers de ses actes dans le passé, trouva une occasion de fournir des explications rassurantes, car il devint bientôt évident que cette première impression ne durait pas et s'effaçait.

M. de Freycinet reçut même, au bout de quelques jours, l'assurance que son retour au gouvernement et son entrée au ministère de la Guerre étaient vus avec satisfaction par l'Empereur.

Cette assurance ne tarda pas à être sanctionnée par une démarche officieuse et secrète que fit auprès de lui l'ambassade de Russie à Paris, à l'effet de savoir si le gouvernement français serait disposé à autoriser sa manufacture d'armes de Châtellerault à fabriquer des fusils pour le compte du gouvernement impérial.

A cette ouverture, dont M. de Freycinet saisit aussitôt le conseil des ministres en se prononçant énergiquement pour l'affirmative et en justifiant son opinion par les plus hautes raisons politiques, on répondit ainsi que le souhaitait la Russie. Si la décision du conseil fut rendue à l'unanimité, si elle ne fut prise qu'à la suite d'un long débat, c'est une question sur laquelle il n'y a pas lieu de s'appesantir et que chacun est libre, d'ailleurs, de résoudre à son gré, en considérant de quels personnages se composait alors le gouvernement, et l'opinion de chacun d'eux quant

à l'orientation à donner à notre politique extérieure.

M. Carnot était déjà, depuis plusieurs mois,
président de la République. Ce n'est un mystère
pour personne que, dès le jour où l'alliance de la
Russie a été clairement entrevue et résolument
poursuivie, il en a été le partisan déclaré. On ne la
voyait pas encore en 1888, comme on l'a vue depuis. Mais il est vraisemblable qu'en une circonstance où se présentait l'occasion d'être agréable
à la Russie, M. Carnot ne se prononça ni dans un
autre sens que M. de Freycinet ni avec moins
d'énergie.

À la suite de la réponse donnée au gouvernement impérial, le général Freederickz, attaché
militaire de l'ambassade russe, se mit en relations
avec les bureaux de la Guerre, étudia avec eux
la forme pratique à donner aux arrangements
qu'il convenait de prendre. A Châtellerault, l'État
ne fabrique pas pour son compte. La fabrication est confiée à des entrepreneurs placés sous
sa dépendance. On revisa le cahier des charges
afin de l'approprier aux besoins nouveaux aux-

quels la manufacture allait avoir à satisfaire.

Les négociateurs n'eurent pas de peine à tomber d'accord. Il fut convenu que ces arrangements resteraient rigoureusement secrets. Ce que le gouvernement faisait pour la Russie, il ne l'eût pas fait pour d'autre. Il importait d'éviter que d'autres fussent incités à lui demander de faire pour eux ce qu'il n'entendait faire que pour elle.

Les arrangements pris n'eurent pas de suite immédiate. Les autorités militaires russes n'étaient pas encore tombées d'accord sur le type d'arme à adopter. Ce fut seulement en 1890, quand M. de Freycinet, survivant comme ministre de la Guerre au cabinet Floquet et au cabinet Tirard, devint lui-même, le 7 mars, président du conseil, que les résolutions antérieurement arrêtées reçurent un commencement d'exécution.

Il y eut dès ce moment, entre les administrations de la Guerre des deux pays, des relations aussi persévérantes que cordiales. Elles permirent à la France de rendre les plus sérieux services à la Russie. Le terrain sur lequel nous étions disposés à les rendre s'était sensiblement élargi. Plusieurs officiers russes arrivèrent à Paris. Guidés dans leurs études par le général de Miribel nommé chef de l'état-major général, par son collaborateur, son successeur depuis, le général de Boisdeffre, ancien attaché militaire à Saint-Pétersbourg et, à ce titre, déjà connu de plusieurs d'entre eux, ils s'initiaient, pour les appliquer à l'armée russe, à nos procédés de mobilisation, de transports de troupes et d'approvisionnements.

Un jour, ils obtenaient qu'un des ingénieurs de la Guerre irait organiser en Russie, sur les mêmes bases que chez nous, la fabrication des munitions. Un autre jour, ils allaient assister à des expériences sur nos voies ferrées. Les bureaux du ministère étaient devenus pour eux une école pratique et technique, où ils apprenaient beaucoup, tout en nous donnant, tantôt par l'exposé des systèmes en usage chez eux, tantôt par de judicieuses observations sur les nôtres, des enseignements dont nos chefs militaires ne négligeaient pas de tirer profit.

Il n'y a pas lieu de s'attarder à de plus longs détails sur ces faits. J'en ai dit assez pour faire comprendre que si, un jour, la volonté du Tsar a proclamé à la face du monde, avant même qu'existât, entre les deux pays, une stipulation écrite, que l'union de la France et de la Russie était un fait accompli, cette union avait été préparée par le double service que, de 1888 à 1891, nous avons rendu aux Russes, d'abord en les aidant à secouer le joug financier de l'Allemagne, ensuite en contribuant pour une large part à l'amélioration de leur organisation militaire. Nous reconnaissions ainsi des services antérieurs et nous hâtions, du même coup, le rapprochement fécond, qui nous a tirés de notre isolement et dans lequel on peut voir la plus solide garantie de notre sécurité comme de la paix du monde.

En tant que ministre de la Guerre, M. de Freycinet a été un des auteurs les plus actifs de ces résultats. Il est de toute justice de le reconnaître, alors que j'ai dû rappeler plus haut qu'en d'autres temps, il n'avait pas compris avec une

clairvoyance égale ce que commandait l'intérêt
de nos relations avec la Russie. Les remerciements que depuis il a reçus du gouvernement
russe ont précisé d'ailleurs de la manière la
plus flatteuse pour lui le caractère et la portée
des services qu'il a su rendre en temps opportun.

En cette même année 1890 où il avait repris,
à la date du 17 mars, la présidence du conseil,
tout en conservant le portefeuille de la Guerre,
un député d'opinions modérées et qui ne parut
en professer de plus avancées que sous l'empire
d'une fausse interprétation des nécessités gou-
vernementales, M. Ribot, était devenu ministre
des Affaires étrangères, en remplacement de
M. Spuller.

M. Ribot, en prenant le portefeuille, et bien
qu'il ne se fût pas spécialement appliqué jusque-là
à l'étude des questions extérieures, était animé
d'idées très différentes de celles de son prédécesseur. Plus que lui, peut-être, il avait le sentiment de la possibilité d'imprimer à l'action de
la France au dehors une direction nouvelle et
une impulsion décisive. Ses premiers entretiens

avec M. de Freycinet le confirmèrent dans l'opinion qu'il s'était faite à cet égard. Avec le président du conseil d'abord, avec le Président de la République ensuite, il envisagea les moyens d'accentuer le rôle politique de la France en Europe, non au point de vue d'une intervention dans les affaires des autres, mais dans l'intérêt des nôtres.

Du côté de la Russie, on l'a vu, s'accentuait le désir de se rapprocher de nous. Depuis l'arrivée de M. de Laboulaye à Saint-Pétersbourg, cette tendance, encore qu'elle eût été ralentie par divers incidents, devenait de plus en plus évidente. Le renouvellement anticipé et par trop bruyant de la Triple-Alliance, dans les premiers mois de 1890, la mit en lumière d'une manière plus vive et en marqua mieux le caractère significatif. La ligne à suivre était donc toute indiquée. M. Ribot n'eut qu'à y entrer, pour se conformer aux vues devenues très nettes de M. Carnot et de M. de Freycinet.

Cependant, d'une étude approfondie des actes de son ministère, on pourrait conclure qu'il n'y

marcha pas toujours avec une égale résolution
et que trop souvent, peut-être, il parut disposé à s'en détourner dans la crainte surtout
de froisser l'Angleterre de laquelle le rappro-
chaient son éducation, ses goûts, son libéra-
lisme et même la confession protestante à
laquelle il appartient. Mais ce n'est qu'en péné-
trant au vif des plus intimes détails de sa
conduite que cette démonstration pourrait être
faite. Or, ces détails se perdent après tout dans
un ensemble de faits qu'ont couronné avec
éclat les fêtes de Cronstadt. Le résultat final
prouve que les intentions étaient bonnes; qu'en
dépit d'un peu de gaucherie, elles ont fini par
triompher des hésitations, des scrupules et
d'un certain esprit de formalisme. Ce résultat
emporte et fait disparaître tout le reste.

M. Ribot était ministre depuis peu de temps,
quand l'occasion s'offrit à nous de rendre au
gouvernement russe un nouveau service, non
moins important que ceux que nous lui avions
déjà rendus. En cette circonstance, l'attitude du
gouvernement français révéla une louable per-

sévérance dans son zèle et son bon vouloir envers la Russie.

Depuis un certain temps déjà, le ministre de l'Intérieur, M. Constans, était averti que des nihilistes vivaient réfugiés à Paris. Par ses ordres, la direction de la Sûreté générale et la Préfecture de police, secondées par des agents russes envoyés en France, exerçaient sur ces personnages la plus rigoureuse surveillance. Cette surveillance devint plus étroite quand on eut appris qu'ils se livraient à une active fabrication d'engins explosifs, avec le dessein d'aller ensuite les utiliser en Russie.

Le baron de Mohreinheim demandait qu'on les mît dans l'impuissance de réaliser leurs criminels projets. M. de Freycinet, M. Ribot et M. Constans, auxquels il communiquait ses craintes, avaient pris envers lui, à cet égard, les plus formels engagements. Mais cela n'avait pas réussi à le rassurer. Il redoutait que quelqu'un de ces individus parvînt à quitter Paris et à gagner la Russie, en emportant une ou plusieurs bombes. A tout instant, il venait chez

M. Constans pour obtenir de lui contre eux un ordre d'arrestation.

— Rien ne presse, répondait le ministre. Je les connais tous. Aucun d'eux ne peut échapper, et il convient d'attendre pour les arrêter qu'on puisse les prendre en flagrant délit de fabrication et saisir leurs engins en même temps que leurs personnes.

C'est en ces circonstances, au lendemain du jour où la fermeté de M. Constans venait de déjouer les manifestations préparées par le congrès international ouvrier, en vue du 1er mai, qu'il fut décidé que le Président de la République se rendrait dans le Midi et dans l'Est. Le départ était fixé au 21 mai. Le ministre de l'Intérieur devait être du voyaye. Le baron de Mohreinheim s'inquiéta plus vivement de ce qui pourrait arriver pendant l'absence de celui des membres du gouvernement, dont l'énergie lui inspirait le plus de confiance. Cette absence n'entraînerait-elle pas un relâchement dans la surveillance dont les nihilistes réfugiés à Paris étaient l'objet? N'en profiteraient-ils pas pour s'enfuir?

L'ambassadeur, sous l'empire de ses appréhensions, voulait au moins s'assurer que les
ordres donnés par le ministre n'auraient pas à
souffrir de son départ.

Il se présenta chez lui, à la fin de la journée
du 21 mai; il ne le rencontra pas. Le ministre
venait de monter en voiture pour se rendre à
la gare. M. de Mohreinheim résolut d'aller l'y
trouver. Il l'y trouva en effet, attendant le Président de la République. L'entretien qui eut
lieu entre eux, dans un salon réservé, rassura
M. de Mohreinheim. Il acquit la conviction que
les mesures de M. Constans étaient prises et bien
prises, que l'arrestation des nihilistes n'était
plus qu'une affaire de jours et que jusque-là,
aucun d'eux ne parviendrait à quitter Paris.

Après en avoir reçu la formelle assurance, il
allait se retirer quand M. Constans lui fit remarquer que trop de personnes avaient été témoins
de sa présence à la gare, trop de journalistes notamment, pour qu'on pût espérer qu'elle passerait inaperçue et éviter les commentaires qu'elle
devait nécessairement provoquer. Il l'engageait

donc à attendre le Président de la République et à se donner ainsi le prétexte d'être venu pour le complimenter. Le baron de Möhreinheim obtempéra à ce conseil. C'est ainsi que, quelques instants après, M. Carnot, en montant en wagon, reçut les adieux de l'ambassadeur de Russie. Très flatté par cette démarche dont il ne connaissait pas encore la véritable cause, il le remercia chaleureusement.

Après ce départ et durant plusieurs jours, aucun incident ne se produisit. Mais dans la soirée du 26, M. de Mohreinheim arrivait tout effaré chez M. Ribot. Il croyait être sûr qu'un nihiliste des plus dangereux était au moment de passer en Russie. Le Préfet de police et le directeur de la Sûreté générale mandés aussitôt reconnurent que les recherches auxquelles s'étaient livrés leurs agents étant terminées, il n'y avait plus qu'à agir. La poire était mûre, comme on dit. Mais pour la cueillir, il fallait de nouveaux ordres du ministre de l'Intérieur.

Il devait être à Chaumont le lendemain.

Un attaché de son cabinet reçut mission d'aller le mettre au courant de l'état des choses et lui demander l'autorisation d'arrêter les individus suspects.

— Je veux être à Paris quand ils seront arrêtés, au cas où des interpellations me seraient adressées, répondit le ministre. Mais, j'y serai demain dans la soirée. Qu'on prépare tout pour procéder aux arrestations aussitôt.

Il rentrait en effet, au jour et à l'heure dits.

C'était le 28 mai. Le 29, dès l'aube, les nihilistes, au nombre de neuf, étaient surpris chez eux, arrêtés et écroués. On saisit en même temps leurs papiers, ainsi qu'un certain nombre d'explosifs et d'appareils. Disons, en passant, que ces explosifs, soumis à des expériences dans les bois de Meudon y produisirent des effets destructifs véritablement foudroyants.

Mis au courant, par son ambassadeur, de la conduite du gouvernement français, en ces circonstances, l'empereur de Russie s'en montra particulièrement reconnaissant. Il exprima sa gratitude à M. de Laboulaye en des termes qui permettaient d'en apprécier la sincérité et d'en mesurer l'étendue.

II

A la date à laquelle nous sommes arrivés, il y avait déjà partie liée entre les deux gouvernements, non qu'ils se fussent concertés en vue d'une entente précise, mais parce que la force des choses aboutissait fatalement à les unir. On commençait à le comprendre de part et d'autre. Il n'est donc pas étonnant qu'au mois d'août, M. de Freycinet et M. Barbey, ministre de la Marine aient conçu l'idée d'envoyer l'escadre du Nord dans la Baltique. Ils savaient, non seulement pas les rapports de notre ambassadeur à Saint-Pétersbourg et par les propos du baron de Mohreinheim, mais encore par les officiers russes venus à Paris, en vue de suivre les études commencées au ministère de la Guerre, que la marine impériale serait heureuse de fraterniser avec la marine française. Ils ne pouvaient prévoir alors que la volonté d'Alexandre III donnerait tout à coup, à cette manifestation, un éclat retentissant. Mais ils saisissaient avec empressement l'occasion de la provoquer.

La vérité nous oblige à mentionner que leur proposition, lorsqu'elle se produisit au conseil des ministres, y causa d'abord un certain effarement, surtout de la part de M. Ribot dont le formalisme s'alarmait. Pourquoi une démonstration solennelle en faveur de la Russie? Qu'en penseraient les autres puissances? N'apporterait-elle pas quelque trouble dans nos relations avec elles?

M. Barbey, très énergiquement soutenu par M. de Freycinet, dut s'attacher à rassurer le timide M. Ribot et ceux des ministres qu'avaient touchés les observations de ce dernier. Il rappela que ce genre de démonstrations était conforme aux usages, que partout où elles se rencontraient, les marines se faisaient fête et que d'ailleurs, nous avions l'habitude d'envoyer tous les ans un ou plusieurs navires dans divers ports des mers du Nord, en Suède, en Danemark, en Russie.

Il ajouta et soutint que nos relations avec cette puissance étaient de telle nature qu'elles suffiraient à expliquer un redoublement de solennité dans ce qui n'avait été jusque-là qu'une visite coutumière et à empêcher que personne n'en prît ombrage. Ce langage dissipa les scrupules, fit cesser les oppositions, et le conseil des ministres, à l'unanimité, approuva la proposition de M. Barbey.

M. de Laboulaye fut donc invité à demander au cabinet de Saint-Pétersbourg s'il lui serait agréable que la division cuirassée du Nord, qui devait visiter successivement Copenhague, Christiana et Stockholm, s'arrêtât ensuite à Cronstadt. Dans le cas où cette proposition serait agréée, le gouvernement offrait de fixer aux environs du 15 septembre, c'est-à-dire à un mois de là, la date de cette visite.

Au moment où ces instructions parvenaient à notre ambassadeur, l'empereur d'Allemagne

se trouvait encore en Russie et plusieurs bâti-
ments de sa flotte à Cronstadt. D'autre part,
l'empereur Alexandre allait partir pour se rendre
aux manœuvres de Wolhynie. Le moment ne
semblait donc pas très opportun. M. de Laboulaye fit connaître cette circonstance à son gouvernement, en même temps que l'accueil favorable
fait par le cabinet de Saint-Pétersbourg à la
proposition. Mais le principe admis, on pouvait
attendre en toute confiance et en tout repos
l'exécution du projet. D'un consentement réciproque et pour les causes qui viennent d'être
énumérées, elle fut ajournée. Aucun écho de ces
pourparlers ne transpira au dehors. L'année
1890 s'acheva sans que la moindre allusion eût
été faite dans la presse à l'événement qui se
préparait.

Au mois de janvier 1891, M. de Laboulaye,
étant revenu à Saint-Pétersbourg, à la suite
d'un congé, reprit la négociation du mois d'août
précédent. On était d'accord sur le principe.
On le fut vite sur la date à fixer. La fête de
l'Impératrice, qui tombait au mois de juillet,

parut à notre ambassadeur fournir l'occasion
la plus propice à la visite de notre escadre. Le
fait de l'avoir pensé et dit constitua un bon procédé de plus à notre actif.

Il se passa alors un incident assez piquant,
qu'il est impossible de ne pas rappeler, parce
qu'il explique comment, malgré son sincère bon
vouloir en faveur de la politique qui nous rapprochait de la Russie, M. Ribot se conduisit
quelquefois de manière à en faire douter. Lorsqu'il reçut de M. de Laboulaye la dépêche annonçant que le Tsar acceptait, pour le mois de
juillet, la visite de l'escadre française, il donna
le spectacle d'un homme qui tombe des nues et
ne sait de quoi on lui parle, comme s'il eût oublié que, plusieurs mois avant, une négociation
avait été suivie sur cet objet. Ce n'est que
lorsque des explications qu'il avait demandées
lui eurent rafraîchi la mémoire qu'il fit part au
conseil des ministres de ce qui venait d'être
arrêté à Saint-Pétersbourg.

Notons en passant que la nouvelle de la
visite prochaine de notre escadre à Cronstadt

entra dans la circulation publique sans y causer une émotion bien vive. Personne encore n'en prévoyait la portée, comme s'il eût été écrit que l'importance de l'événement n'éclaterait à tous les yeux que quand il se serait accompli.

Entre temps, d'autres faits s'étaient produits propres à révéler la progression de la cordialité des rapports entre les deux gouvernements. Moins favorisé que son prédécesseur, le Président de la République française n'avait encore reçu des cours européennes aucun des ordres que les souverains ont l'habitude de s'offrir réciproquement. Il appartenait au gouvernement impérial d'être le premier à lui en offrir un. Une ouverture à cet effet avait été spontanément faite à Saint-Pétersbourg par notre ambassadeur. Elle avait abouti sur l'heure, l'Empereur ayant mis une grâce particulière à témoigner à M. Carnot de son estime pour sa personne et de sa sympathie pour la France.

Son intention était d'envoyer au Président le cordon de Saint-André, la plus haute des distinctions honorifiques de l'empire, à laquelle

est attaché le privilège de conférer toutes les
autres à ceux à qui elle est accordée. Mais l'en-
voi promis souffrit quelques retards. Ils furent
attribués au mécontentement que causa à la cour
de Russie l'attitude prise par le gouvernement
français dans les débats qui suivirent à la
Chambre la représentation de *Thermidor*, le
drame de M. Victorien Sardou, au Théâtre-
Français et l'interdiction dont avait été frappée
cette œuvre. L'Empereur aurait été choqué en
constatant que M. de Freycinet avait négligé
de protester contre la fameuse déclaration de
M. Clémenceau : « La Révolution est un bloc
dont on ne peut rien distraire » et qui se ter-
minait par un encouragement donné à l'émeute.
Mais ce mécontentement, à supposer qu'il eût
existé — et cela ne semblait pas douteux — ne
dura pas. Bientôt après, à la suite de la visite
faite à Saïgon par le tsarewitch, M. Carnot reçut
la grand'croix de Saint-André.

Ainsi, le désir déjà manifesté par l'Empereur
de conquérir le cœur des Français s'affirmait
sous toutes les formes. M. Flourens, qui s'était

rendu en Russie comme président de la section française de l'exposition de Moscou, en recueillit un nouveau témoignage durant l'entretien qu'en une audience intime, il eut avec Alexandre. Il y avait certes, dans la politique du gouvernement français, dans les complaisances dont faisait preuve ce dernier envers les radicaux, dans ses tendances et dans ses actes, de quoi blesser les convictions d'un monarque autocrate. Mais il résulte des propos que l'Empereur tint à M. Flourens que lorsque se sont produits en France des faits propres à heurter ses convictions, il a toujours évité de confondre le gouvernement qui commettait ces fautes et la nation qui les subissait.

C'est un sentiment analogue qu'il a laissé paraître au moment des affaires du Panama qui ne laissèrent pas de l'émouvoir. Il n'a jamais voulu admettre qu'il fût équitable de faire peser sur le peuple français la responsabilité des actes de corruption relevés à la charge de quelques gens. Les influences hostiles à notre pays ont tenté en vain de tirer parti de ces événements

douloureux pour l'exciter contre nous. Il ne s'est
pas associé à leurs préventions et sa ferme volonté de marcher d'accord avec la France a
résisté à leurs tentatives.

De telles preuves d'intérêt nous étaient particulièrement précieuses au commencement de
1891, lorsque pendant le séjour de l'impératrice
Frédéric à Paris, la presse allemande s'appliquait à déchaîner contre nous, par des propos
calomnieux, le sentiment national germanique.
Il nous fut aisé de laisser passer de nouveau,
sans rien perdre de notre sang-froid et en conservant une attitude digne et calme, des accusations que nous n'avions pas méritées. Nous
savions que le gouvernement russe n'admettait
pas que nous les eussions encourues.

Quelques semaines avant la mise en route de
la flotte française pour la Baltique, on apprit tout
à coup que M. de Laboulaye, qui occupait depuis
plus de quatre ans l'ambassade de France en
Russie, venait de donner sa démission pour des
motifs tirés de ses convenances personnelles. Les
services rendus par lui dans l'exercice de ses fonc-

tions, la part qu'il avait eue dans l'œuvre politique dont la France allait à bref délai recueillir
les fruits, l'estime en laquelle le tenait l'Empereur
et enfin l'intimité de ses relations avec M. de Giers
toutes ces choses étaient trop connues dans le
monde diplomatique pour que la nouvelle de sa
démission n'excitât pas d'unanimes regrets.

Ceux qui lui furent exprimés n'allèrent pas, du
reste, sans manifestations de surprise. Comment
comprendre en effet qu'il renonçât à sa tâche avant
de l'avoir achevée! Comment comprendre surtout
que M. Ribot, qui savait mieux que personne avec
quel tact, quelle prudence, quel incessant souci
d'y réussir il l'avait conduite, eût consenti à se
priver de son concours? Mais à cet égard, M. de
Laboulaye garda le plus rigoureux silence. Ni
quand il prit congé de l'Empereur et de ses amis
de Saint-Pétersbourg, ni en rentrant en France,
il ne se prêta à des explications propres à éclairer le public sur les véritables causes de son départ. Il ne dit et ne fit rien qui pût donner à
penser que sa décision n'avait pas été volontaire.
Vis-à-vis du Tsar, il mit patriotiquement le soin

le plus scrupuleux à n'en pas trahir les véritables causes. Toutefois, comme tout se sait peu à peu, même ce qu'on met le plus de soin à cacher, elles ne tardèrent pas à transpirer.

On raconta que M. de Laboulaye, dont des motifs graves exigeaient la présence en France, ayant demandé un congé de trois mois, M. Ribot le lui avait refusé ou tout au moins l'avait limité à quelques jours, et que l'ambassadeur, dans son insistance pour l'obtenir, ayant mis en avant l'hypothèse de sa démission, le ministre l'avait pris au mot. Les choses s'étaient en effet passées ainsi : manque d'égards d'un côté, coup de tête de l'autre. Néanmoins, on s'accorda à considérer que M. Ribot avait eu le tort, puisqu'il autorisait M. de Laboulaye à venir à Paris, de traiter cette affaire par correspondance et de ne s'être pas simplement réservé le droit d'examiner avec son ambassadeur, dans un entretien amical, si le congé devait être abrégé ou pouvait être prolongé. Si l'explication eût eu lieu de vive voix, elle se fût autrement dénouée.

C'eût été le cas de rappeler à M. Ribot l'opinion

en ces matières d'un de ses plus illustres prédécesseurs, M. Drouin de Lhuis.

— Je ne refuse jamais un congé à un ambassadeur, disait celui-ci. Il est le plus intéressé à
ne pas s'éloigner de son poste si sa présence y est
nécessaire, ce dont, étant sur les lieux, il est
meilleur juge que moi. D'autre part, je ne saurais
admettre qu'un homme à qui j'ai accordé ma confiance soit assez peu soucieux des intérêt sacrés
dont la défense est dans ses mains pour les sacrifier au désir d'aller se reposer ou se distraire.

Par ses mérites et ses services, M. de Laboulaye
avait acquis le droit de bénéficier de ces sages
principes. M. Ribot eut le tort de ne pas le comprendre et si l'on songe que ce pénible incident se
produisit au lendemain du jour où l'ambassadeur
avait mené à bonne fin la négociation relative à
la visite de l'escadre, on reconnaîtra sans effort
que la faute commise à son égard et sa disgrâce
si mal dissimulée exposaient la conduite ministérielle à de fâcheuses interprétations. Elles se
produisirent d'ailleurs lorsqu'après Cronstadt,
on attribua à M. Ribot la résolution qui envoya

la flotte française en Angleterre, à son retour de Russie. On ne manqua pas de dire que Cronstadt s'était fait malgré lui et qu'il en avait marqué son ressentiment à M. de Laboulaye sous la forme que l'on sait.

M. Ribot ne méritait pas ces accusations. La preuve en est dans la promesse qu'il fit à M. de Laboulaye de le nommer ambassadeur auprès du Saint-Siège, en remplacement de M. Lefebvre de Béhaine qu'on croyait alors dans l'intention de demander son rappel[1]. Mais si elles s'accréditè-

---

1. M. Ribot n'eut pas le temps de tenir les promesses faites à M. de Laboulaye. Son successeur, M. Develle, parut d'abord vouloir s'en souvenir; puis il les oublia. Au mois de novembre 1893, le *Figaro* a raconté que l'ambassade de Vienne avait été offerte à M. de Laboulaye.

« A cette offre flatteuse, et s'il faut en croire ce journal, M. de Laboulaye répondit qu'en prenant congé de l'empereur Alexandre, profondément touché par les bontés que ce prince n'avait cessé de lui témoigner, il lui avait dit qu'ayant eu l'honneur de représenter pendant six ans la France auprès de lui, il ne la représenterait plus auprès d'aucun autre gouvernement, si ce n'est auprès du Pape. Il y avait là, ainsi que M. de Laboulaye l'exposa à M. Develle, une sorte d'engagement qui ne lui permettait pas d'aller à Vienne, à moins que le Tsar ne le déliât de sa parole.

rent un moment, il ne pouvait s'en prendre qu'à
la précipitation avec laquelle il avait agi vis-à-vis
d'un diplomate qui méritait plus d'égards.

Quoi qu'il en soit, ce dernier se trouvait démis-

M. Develle ne fut pas embarrassé pour si peu et promi de
solliciter l'avis de l'Empereur.

« Une démarche fut faite en effet par le ministre auprès
de M. de Mohreinheim, lequel s'empressa d'en référer à son
gouvernement. La réponse ne se fit pas attendre, l'empereur Alexandre avait sans doute compris quels services
pourrait rendre à Vienne un ambassadeur de France dont
il avait apprécié le mérite et qu'il savait pénétré des mêmes idées que lui, car il fit répondre qu'il verrait avec
plaisir la nomination de M. de Laboulaye.

« Une telle opinion venue de si haut, en de telles circonstances, équivalait, on le reconnaîtra, à une désigna-
tion formelle. Il semblait dès lors que M. Develle devait
avoir plaisir à se hâter de donner suite à une proposition
dont il avait pris l'initiative. Il n'en fut rien. Plusieurs
mois s'écoulèrent et, finalement, c'est M. Lozé qui a été
nommé, sans d'ailleurs avoir pris aucune part aux incidents
que nous racontons. »

Le récit du *Figaro* n'a pas été démenti et ne pouvait
l'être, pas plus que ne pourrait l'être cet autre trait relatif
à la nomination du comte d'Ormesson à Copenhague.

Il est d'usage de consulter l'Empereur pour le choix des
ministres diplomatiques en Danemark. En vertu de cet
usage, M. Develle, ayant à remplacer le comte d'Aunay,
soumit à l'agrément de la cour de Russie une liste de trois

sionnaire, en quelque sorte, malgré lui. Revenu
en France, il s'occupait des affaires privées qui
avaient occasionné son retour, quand tout à
coup M. Ribot l'appela. Le ministre se trouvait
dans le plus grand embarras. On était à la veille
du départ de l'escadre. Le comte de Montebello,
désigné pour aller remplacer à Saint-Pétersbourg
M. de Laboulaye, n'avait pas encore pris possession de son poste. N'étant pas officiellement
accrédité et nouveau venu en Russie, il ne pouvait guère représenter la France aux fêtes de
Cronstadt.

M. Ribot demandait à l'ambassadeur qu'il
venait de rappeler d'aller la représenter pour la

noms, parmi lesquels celui du comte d'Ormesson ne figurait pas. C'est lui cependant qui fut nommé, bien que l'Empereur eût fait son choix parmi les trois candidats qui lui
avaient été proposés.

Il s'est trouvé que le comte d'Ormesson, très en cour à
Saint-Pétersbourg et si digne, par ses mérites, d'occuper
un poste de confiance, ne pouvait qu'être agréable à l'Empereur. Il n'en est pas moins vrai que cette fois encore,
M. Develle ne nomma pas le candidat qu'avait indiqué le
souverain, — ce qui permet de dire que ce n'était vraiment
pas la peine de le consulter.

durée de ces fêtes. Sous peine de manquer à son devoir, M. de Laboulaye n'avait pas le droit de se dérober à ce que le gouvernement attendait de lui. Soit qu'il ne gardât pas rancune à M. Ribot, soit qu'il considérât comme un couronnement de carrière la mission qu'on lui offrait, il l'accepta. Il ne mit à son acceptation qu'une condition, c'est que M. Ribot s'assurerait que ce retour temporaire serait agréable à l'Empereur. Une démarche fut faite dans ce sens. La cour de Russie y répondit ainsi que devait le souhaiter M. de Laboulaye. Il se trouva donc de nouveau, et accidentellement, ambassadeur de France auprès du Tsar.

Il n'entre pas dans notre plan de raconter les fêtes de Cronstadt. Par les journaux, par le livre, par le dessin, le souvenir en a été impérissablement fixé dans la mémoire des Russes et des Français. L'accueil fait à nos marins à Cronstadt, à Moscou et à Saint-Pétersbourg, l'enthousiame des populations russes sur le passage de l'amiral Gervais et de ses officiers, leur réception à Péterhof, la visite de l'Empereur à bord de nos navires, son toast à M. Carnot, la *Marseillaise* jouée sur sa demande, devant lui, devant la famille impériale et écoutée debout, les formes nombreuses et diverses sous lesquelles ont fraternisé, à la face du monde, deux grandes nations, ce sont là des faits entrés désormais dans l'histoire comme le premier tableau d'un épisode magique dont la visite de l'escadre russe en France devait fournir le second. De ces événements inoubliables, il n'y a lieu de retenir ici que l'effet qu'ils produisirent en Europe et l'opinion qu'en conçurent ou feignirent d'en concevoir les gouvernements.

L'effet fut foudroyant, non seulement en Russie et en France, mais encore parmi ceux qui, sympathie ou haine, sont intéressés aux choses de notre pays. Partout, on comprit qu'une transformation venait de s'accomplir et la France de reprendre son rang sur le continent. Partout d'ailleurs, et plus particulièrement en Allemagne, en Italie, en Autriche, la visite de Cronstadt fut considérée comme un gage de paix.

Après avoir établi que la situation d'indépendance réciproque dans laquelle elles se trouvaient constituait pour la France et la Russie une infériorité relative, en permettant de mettre en doute leur union, les feuilles viennoises émettaient l'avis que l'événement avait eu pour résultat de présenter un gage palpable de l'union des deux pays et de raffermir à cet égard la confiance ébranlée de bien des gens. Le *Nord* disait : « Autant la France, dans son légitime orgueil de grande nation, pouvait être tentée de regimber devant une paix imposée et pour ainsi dire coercitive, autant elle souscrit avec une libre et joyeuse spontanéité, maintenant qu'elle ne se sent plus seule, au maintien de la stabilité générale. »

L'opinion des gouvernements ne fut pas différente, encore qu'il s'y mêlât de la part de ceux de la Triple-Alliance un effort pour atténuer l'importance de l'événement. A la tribune du parlement austro-hongrois, le comte Kalnoki, après avoir affirmé qu'il croyait plus que jamais au maintien de la paix, déclara qu'à son avis il n'y avait rien de changé en Europe. En Allemagne, M. de Caprivi exprima devant le Reichtag la même opinion, quoique un peu mitigée. « L'entrevue de Cronstadt, dit-il, a tout simplement rendu visible aux yeux du grand public une situation qui existait depuis longtemps. » Cette situation, c'était, ainsi qu'il l'avait dit au lendemain même de l'événement, « la restauration de l'équilibre européen ». Ces mots caractéristiques étaient prononcés le même jour à Bapaume, à l'inauguration du monument du général Faidherbe, par M. Ribot : « Nous apportons une garantie nécessaire à l'équilibre général. » Ainsi, personne ne voyait dans la consécration de l'entente franco-russe un péril pour la paix du monde.

La visite qu'en quittant la Russie, la flotte française fit à la reine d'Angleterre, a marqué mieux encore le caractère pacifique de celle de Cronstadt.

Il convient de mentionner cependant qu'elle n'eut pas un succès égal. Beaucoup de gens se plurent à y voir les effets d'une exigence de

M. Ribot envers ses collègues. Il n'avait consenti, disait-on, à la course de notre escadre dans la Baltique qu'à la condition qu'elle aurait comme correctif une course dans les eaux anglaises. Il ne croyait pas à la solidité de l'alliance franco-russe et il ne voulait pas compromettre nos bons rapports avec l'Angleterre.

M. Ribot, nous l'avons dit, ne pouvait s'attendre à de tels soupçons. Ils étaient sans fondement. Un arrêt, quelque part, sur la côte d'Écosse au retour de Russie, figurait, avant même le départ de l'amiral Gervais, dans l'itinéraire qu'il devait parcourir. Personne ne prévoyait alors l'éclat des fêtes de Cronstadt. Le programme ne présentait pas une importance plus grande que d'autres précédemment réalisés. L'Angleterre l'avait accepté, pour ce qui la concernait, sans y attacher un caractère différent de celui qu'affectent les épisodes ordinaires des relations internationales. Mais, au lendemain de Cronstadt, il en fut tout autrement. C'est elle qui demanda une modification dans l'itinéraire primitivement arrêté.

A la visite dans un port d'Écosse, elle proposait de substituer une visite à Portsmouth. La reine Victoria, alors à l'île de Wigth, serait particulièrement heureuse de recevoir les marins français. C'est en son nom personnel que la communication était faite au gouvernement français de Paris.

Elle ne laissait pas à ce dernier, eût-il été enclin à refuser, la liberté de le faire et, pour tout dire, l'idée ne lui en vint même pas, l'invitation n'étant après tout qu'éminemment flatteuse pour l'amour-propre national. Ordre fut donc envoyé à l'amiral Gervais de s'arrêter à Portsmouth, en revenant de Cronstadt, en même temps que M. de Laboulaye était chargé d'expliquer officieusement à M. de Giers les causes et les circonstances de cette modification dans l'itinéraire de l'escadre.

On ne saurait taire que la perspective d'un voyage dans les eaux anglaises ne souriait que médiocrement aux marins français. Émerveillés par l'accueil qu'ils venaient de recevoir en Russie, ils se faisaient l'effet, comme l'écrivait

l'un d'eux « d'avoir mangé leur pain blanc le
premier, et ce n'était pas la peine de les obliger
à aimer deux femmes à la fois ». La réception
qui les attendait à Portsmouth corrigea cette
première impression. En fait, Portsmouth con-
sacra le caractère pacifique de Cronstadt.

III

Tandis qu'à Cronstadt, à Moscou, à Saint-Pétersbourg, les marins français étaient acclamés
et fêtés par le peuple russe, des pourparlers
s'engageaient entre M. de Giers et M. de Laboulaye dans le but de rechercher sous quelle forme
on donnerait, le moment venu, à l'entente franco-
russe la sanction des formules écrites et on pré-
ciserait en quelles circonstances la France aurait
le droit de compter sur la Russie et la Russie
sur la France. Dans la pensée du gouvernement
impérial, il ne pouvait s'agir de conclure un
traité formel et en règles, prévoyant toutes les

hypothèses et entrant dans tous les détails. Mais il reconnaissait qu'il y avait quelque chose à faire pour mettre en pratique les engagements résultant de la force des choses et sans que rien en eût été écrit.

On était bien loin de l'opinion professée en 1888 par la Russie, quand les interprètes de la pensée de son gouvernement donnaient à entendre qu'un traité d'alliance aurait pour effet, en prouvant aux Français qu'ils avaient cessé d'être seuls, de les pousser à la guerre. Loin de trouver dans leurs relations cordiales avec les Russes l'occasion de s'exciter, ils semblaient être devenus d'autant plus calmes et résolus à la paix qu'ils devenaient moins isolés et plus forts. Comme l'avait dit le *Nord*, ils souscrivaient « avec une joyeuse spontanéité » à la stabilité générale. Le moment était donc opportun pour jeter les bases d'un arrangement sommaire qui résumerait les devoirs réciproques de chacune des parties.

Les entretiens qui eurent lieu entre M. de Giers et M. de Laboulaye n'appartiennent pas encore à l'histoire. A supposer, ce qui n'est pas, que le détail en eût été divulgué par ceux qui y prirent part, peut-être ne serait-il ni convenable vis-à-vis de notre allié, ni d'une correction rigoureuse d'en trahir ici le secret. Ce n'est pas le trahir que de supposer qu'on était enclin de part et d'autre à admettre le principe d'une réciprocité d'intervention obligatoire au cas où l'un des contractants serait attaqué, et d'une intervention facultative au cas où il attaquerait. Sur ce principe, on était d'accord depuis longtemps. On avait à trouver seulement la forme à donner à l'instrument diplomatique qui le consacrerait.

On a raconté qu'à cet égard, M. Ribot avait paru tenir à un traité formel, tandis que le gouvernement impérial insistait pour qu'il fût simplement constaté par un échange de lettres que l'examen des diverses questions soulevées avait abouti à un accord. Ce sont là des dires que la vraisemblance seule autorise. En des négociations de ce caractère et de cette gravité, il n'a pu se produire, de la part des négociateurs, aucune indiscrétion vis-à-vis de qui que ce soit. Ce qui est vrai, c'est que lorsque M. de Laboulaye quitta la Russie pour rentrer en France, le dernier mot de cette affaire n'était pas dit, M. Ribot n'ayant pas encore fait connaître son avis final.

A quelques jours de là, M. de Mohreinheim recevait de son gouvernement l'ordre de se rendre d'urgence à Saint-Pétersbourg. Il se trouvait alors en villégiature, à Cauterets, sans rien connaître des négociations dont il vient d'être parlé. C'est auprès de M. Ribot qu'en passant par Paris, assez inquiet de ne pas savoir pour quels motifs il était appelé par son gouvernement, il alla s'en enquérir. M. Ribot le retint à dîner, et l'ambassadeur eut la satisfaction d'apprendre de la bouche de son amphytrion qu'on l'appelait en vue de la conclusion définitive des arrangements concertés entre MM. de Giers et de Laboulaye.

A quel moment et sous quelle forme ces arrangements ont-ils été conclus? Est-ce pendant le séjour de M. de Mohreinheim à Saint-Pétersbourg ou pendant celui que firent à Paris, au cours de l'automne de 1891, les grands ducs

Alexis et Wladimir, frères de l'empereur? Est-ce au mois de novembre, quand M. de Giers, après un voyage en Italie, vint passer quelques semaines en France? A l'heure actuelle, cela importe peu. Ce qui importe, c'est qu'on puisse affirmer, sans courir le risque d'être démenti, que, soit sous forme de protocole attestant le dessein de s'unir en vue de certaines éventualités, soit sous forme de convention militaire réalisant ce dessein, l'instrument diplomatique de l'alliance franco-russe existe aujourd'hui et qu'il a été la conséquence presque immédiate des fêtes de Cronstadt. Dans les chancelleries européennes on est resté convaincu que l'entente a pour unique base la défensive et le maintien de la paix. Tout le monde appréciera les motifs qui nous interdisent d'en dire plus long.

Les mêmes motifs commandent de ne mentionner que pour mémoire la présence de M. de Giers à Paris. Si elle n'eut pas un but aussi précis qu'on se plaisait à le dire, elle fut au moins un acte voulu de déférence et de courtoisie. Conduit en Italie pour des raisons de santé, M. de Giers avait dû faire une visite au roi Humbert. Cette visite, toute de convenance, n'avait ému personne en France. Le gouvernement russe n'en conçut pas moins le désir d'éviter à son allié jusqu'à l'ombre d'une préoccupation et M. de Giers, en quittant Monza, vint à Paris.

S'il parla de sa visite au roi d'Italie, ce fut à l'effet d'en indiquer le caractère simplement correct. De même, quand il annonça qu'en rentrant en Russie, il s'arrêterait à Berlin, il eut soin de marquer que cet arrêt n'avait aucune signification politique. On a dit, depuis, qu'à Berlin comme à Monza, il avait déclaré que les arrangements conclus avec la France n'avaient en vue que d'apporter des garanties nouvelles au maintien de la paix.

Durant son séjour à Paris, il eut deux entretiens avec MM. de Freycinet et Ribot. Il s'était d'abord rendu chez chacun des deux ministres. Ils allèrent ensemble lui rendre cette visite à l'ambassade de Russie où il était descendu. Dans ces entretiens, il exprima, au nom de l'Empereur et en son nom, la satisfaction que lui causait la consécration définitive de l'entente franco-russe. Il aurait pu ajouter qu'elle était en grande partie son œuvre et l'œuvre de M. de Laboulaye, car s'il est vrai que c'est l'Empereur qui a poursuivi sans relâche cette entente, avec un esprit de suite qui ne s'est jamais démenti, il est également vrai que son ministre des Affaires étrangères et notre ambassadeur ne cessèrent d'être, au milieu de difficultés que les récits qui précèdent permettent à chacun de se figurer, ses auxiliaires intelligents et actifs.

M. de Giers dit aussi quelle sympathie admirative il emportait de son séjour à Paris, où il venait de constater la sagesse de la nation française ainsi que les multiples et manifestes preuves de son relèvement définitif.

Au point où nous en sommes arrivés, il nous faut déserter les sphères diplomatiques. Nous n'y rencontrerions plus aucun fait dont la divulgation ne présentât de graves inconvénients. Les événements sont trop près de nous pour pouvoir, dores et déjà, être introduits dans l'histoire. Il n'y a lieu d'en signaler que ce qui a été apparent, à savoir l'empressement avec lequel le gouvernement impérial a saisi toutes les occasions de montrer au monde la cordialité confiante et quasi affectueuse de ses relations avec la France.

C'est ainsi que doit être interprétée la visite que fit à M. Carnot, durant le voyage de Nancy, au mois de juin 1892, le grand duc Constantin. Ce prince faisait une cure à Contrexéville. Une dépêche de l'Empereur l'invita à aller présenter ses hommages au Président de la République française. Il y alla et cette démarche aussi spontanée qu'inattendue vint s'ajouter à tant de témoignages publics, déjà donnés, des dispositions du tsar Alexandre.

On sut bientôt qu'elle lui avait été dictée par le désir d'empêcher qu'on n'interprétât contre la France la visite qu'il faisait le même jour, accompagné du grand duc héritier, à son cousin l'empereur d'Allemagne. Il se rendait par mer à Copenhague. Il passait devant Kiel où se trouvait Guillaume II. Il lui était impossible de ne pas s'arrêter pour le voir. Ce fut l'unique raison de cette entrevue. Il voulut éviter qu'on en prît ombrage à Paris. Ce sentiment si flatteur pour la France détermina la visite de Nancy. Au mois de septembre, M. Carnot étant à Aix-les-Bains, y reçut dans des conditions analogues un autre membre de la famille impériale, le grand duc de Leuchtenberg.

Toutefois, ce n'étaient là que des démarches privées. Les habitudes de courtoisie de la cour de Russie auraient pu suffire à les expliquer. Le Tsar voulut une manifestation plus significative et plus solennelle. La présence des marins russes en France a été la réalisation de sa formelle volonté. On sait avec quel merveilleux à propos, son intervention personnelle en a souligné les épisodes inoubliables et inoubliés, et comment, passant en quelque sorte par-dessus les ministres et les diplomates, il s'est adressé au cœur même de la France.

Les ordres donnés par lui à l'amiral Avellan en vue des funérailles de Mac-Mahon, la dépêche envoyée à M. Carnot au moment où

l'escadre quittait la rive française et enfin les
remerciements adressés par l'intermédiaire de
M. de Mohreinheim « aux représentants des diverses classes sociales » constituent des traits
uniques dans l'histoire des relations internationales. Ils ont imprimé aux fêtes de Toulon et
de Paris la physionomie d'une chose qu'on
n'avait jamais vue parce qu'elle n'était jamais
arrivée.

A ce moment, M. de Freycinet et M. Ribot
n'étaient plus au pouvoir. Mais, il serait injuste
de ne pas rappeler la part décisive, quoique
bien tardive, qu'ils avaient eue dans la prépa-
ration de l'événement. Plus heureux qu'eux,
M. de Laboulaye, notre ancien ambassadeur en
Russie y eut sa place à côté de son successeur,
le comte de Montebello. Nul plus que lui n'avait
le droit de s'enorgueillir de ce couronnement
final de l'alliance dont nous venons de retra-
cer l'histoire en ses grandes lignes.

Quelles seront dans l'avenir les conséquences
de tant de mémorables événements? Il n'est
point aisé de le prévoir. Mais n'en eussent-ils

d'autres que d'avoir rétabli sur des bases équitables l'équilibre de l'Europe, en dressant en face de la Triple-Alliance, constituée en vue de la guerre, l'alliance franco-russe constituée en vue de la paix, que ce serait encore assez pour donner lieu à notre patriotisme de se réjouir.

Cette alliance, en effet, a rendu confiance aux amis de la France dans le monde, en consacrant, sous la forme la plus tangible, l'impuissance de l'Allemagne à empêcher notre relèvement. On peut même ajouter qu'elle n'a été possible que parce que M. de Bismarck n'était plus au pouvoir. Libre de continuer à exercer son action sur les cabinets européens, il n'eût pas laissé ces relations d'intérêt s'établir, ou tout au moins, il en eût paralysé les effets. Comment s'y fût-il pris? Quels incidents eût-il fait naître? Je ne saurais le dire. Ce dont je suis sûr, c'est qu'il ne l'eût pas toléré. Il l'avait dit au comte de Saint-Vallier; il l'a répété depuis à M. Herbette.

— Jamais, tant que je serai le maître, je ne permettrai à la France de contracter alliance avec la Russie. Je ne me résignerai pas à rester entre deux ennemis.

Mais, il a disparu et l'alliance s'est faite.

Ce qui est remarquable dans ces événements, c'est que, pas un jour, la France n'en a tiré prétexte pour sortir de son attitude résolument pacifique. Ses amis redoutaient qu'en ressaisissant son influence extérieure, elle s'abandonnât aux exaltations de son orgueil et prît envers ses ennemis une posture de défi. Peut-être ceux-ci l'espéraient-ils. En ce cas, elle a trompé leur attente. Les ivresses d'une grande victoire diplomatique n'ont pas plus troublé son sang-froid que ne l'avaient troublé en 1873, en 1875, en 1887 et en 1890 les menaces inconsidérées dont elle a été l'objet. Plus elle s'est sentie devenir forte, plus elle s'est attachée à la paix, comme au plus précieux bien. La conviction de sa sécurité reconquise n'a fait que rendre plus visible et plus éclatante sa sagesse. Tel a été l'effet de l'alliance franco-russe. Considérée à ce point de vue, cette alliance doit inspirer aux cœurs français des sentiments de vive gratitude pour la Russie

Ce serait toutefois une erreur de prétendre qu'en cette affaire, nous soyons les seuls obligés et que la Russie est venue vers nous, entraînée uniquement par cette générosité chevaleresque qui pousse les forts à embrasser la cause des faibles. S'il n'y avait pour expliquer et fortifier l'alliance que de telles raisons de sentiments, elle serait précaire et fragile, les sentiments ne pouvant suffire à rendre indissolubles les liens établis de peuple à peuple.

Mais, tout autre est la vérité.

La Russie, tout comme la France, n'a pris conseil que de son intérêt. Son intérêt lui commandait de se rapprocher de nous. Elle l'a écouté et lui a obéi. Elle nous a rendu des services; nous lui en avons rendus. Ceux qu'elle attend encore de nous ne sont pas moindres que ceux que nous attendons d'elle. Il n'y a d'alliance durable entre les nations qu'à cette condition de réciprocité. C'est parce qu'elle existe entre la Russie et la France que l'entente franco-russe est devenue si rapidement populaire et qu'elle est aujourd'hui pour nous comme une digue bâtie à chaux et à sable, opposée à nos ennemis.

A ceux qui nous gouvernent de tirer parti de cette situation pour l'avenir de notre pays, de tenir compte, dans les actes de leur politique intérieure, de l'esprit conservateur qui règne en Russie, de ne pas recommencer les fautes de leurs prédécesseurs. Leur tâche sera facile, s'ils savent se souvenir à propos, que dans notre chère France, si divisée et si déchirée par les factions, il n'y a plus qu'un seul parti, quand sa grandeur extérieure et sa sécurité sont en jeu : le parti français.

TABLE DES MATIÈRES

CHAPITRE PREMIER

COUP D'ŒIL EN ARRIÈRE

CHAPITRE II

LA MISSION CHAUDORDY

CHAPITRE III

LA CRISE DE 1875

CHAPITRE IV

ANNÉES PERDUES

CHAPITRE V

M. FLOURENS MINISTRE DES AFFAIRES ÉTRANGÈRES
ET SES SUCCESSEURS

CHAPITRE VI

LES EMPRUNTS RUSSES EN FRANCE

CHAPITRE VII

EFFORTS COURONNÉS

www.ingramcontent.com/pod-product-compliance
Ingram Content Group UK Ltd.
Pitfield, Milton Keynes, MK11 3LW, UK
UKHW021915070726
13614UKWH00001B/54